당신의 보도자료

네이버 가거나 휴지통 가거나

경향신문사 라이프팀

장회정, 이유진, 김지윤 공저

다빈치books

당신의 보도자료:
네이버 가거나 휴지통 가거나

| 초판 1쇄 인쇄 | 2023년 7월 20일
| 초판 1쇄 발행 | 2023년 8월 1일
| 저   자 | 장희정, 이유진, 김지윤
| 총 괄 기 획 | 변문경
| 책 임 편 집 | 문보람
| 디   자   인 | 김민철, 오지윤, 디자인 다인
| 인   쇄 | 영신사
| 종   이 | 세종페이퍼
| 홍   보 | 박정연
| IP 제 작 투 자 | ㈜메타유니버스 www.metauniverse.net
| 펴   낸   곳 | ㈜메타유니버스
| 유   통 | 다빈치Books
| 출 판 등 록 일 | 2021년 12월 4일
| 주   소 | 서울특별시 중구 청계천로 40, 14층 7호
                서울특별시 마포구 월드컵북로 375, 21층 7호
| 팩   스 | 0504-393-5042
| 전   화 | 070-4458-2890
| 출판 콘텐츠 및 강연 관련 문의 | 이유진 yujin8823@gmail.com

Contents

1장

보도자료 작성, '기본 중의 기본'

1

이메일이 주는 첫인상
"일대일 소통임을 잊지 마세요"

어느 공휴일이었습니다. 물론 기자들은 다음 날 신문 발행을 위해 출근한 날이었습니다. 메일함을 열고 메일 제목을 클릭하자마자 등장한 화면은 빼곡하게 들어찬 각 매체 기자들의 이메일 주소였습니다. 마우스 휠을 대여섯 번은 굴려야 비로소 본 보도자료 내용이 보일 정도였습니다. '빨간 날' 오전부터 자료를 만들어 각 기자에게 보냈을 홍보 담당자의 다급함이 전해졌습니다.

간혹 본 보도자료 내용보다 이메일 수신자 리스트가 더 긴 메일을 봅니다. 숨은 리스트로 설정하는 것을 깜빡하는 경우는 충분히 이해합니다. 다만, 그 리스트가 불러올 부작용에 대해서는 우려가 됩니다. 한 매체당 20명 이상의 기자에게 보낸 경우 더욱 그렇습니다. 한 매체에서 해당 아이템을 기사로 쓸 수 있는 기자는 담당자 한 명입니다. 경제, 산업 분야 혹은 재테크, 생활경제까지 아우른다고 해도 이런 리스트를 본다면 기사를 쓰고도 '쫑' 날까 봐 도리어 이 자료를 쓰지 않으려 하지 않을까요. 같은 내용의 기사가 두 건 생성된 경우, 기사 송고 순서 혹은 기사의 함량 혹은 암묵적 연차에 따라 본인의 기사를 삭제할 수도 있는데, '단독'을 붙일 수 있는 아이템이 아닌 이상 누가 먼저 쓰겠다고 나설까요?

　이메일 주소 관련 에피소드 중 기억에 남는 두 번째 케이스는 제 이름 앞에 당시 내 위치를 '굳이' 표시해두었던 아주 꼼꼼한 담당자의 흔적이었습니다.

　때는 부서 이동에 따라 약 두 달간 해당 출입처의 담당 기자로 등록을 해둬야 하는 상황이던 시기였습니다. 이른바 '1진'이었던 후배 기자가 있었고, 저는 잠시만 머무를 예정이라 1진의 백업 정도로 이야기가 된 상태였습니다. 회사 사정상 '백업'의 포지션을 맡게 되긴 했지만, 출입처에서 나를 '백업'으로 등록해뒀다는 것은 이메일을 받고서야 알았습니다. 수신자에 '백업 ○○○ 기자'라고 표시된 이메일은 제가 몇몇 부서를 거쳐 7년여가 지난 지금도 가끔 도착해 안부를 전하고 있습니다.

　상대방에게 이메일을 열게 하는 열쇠는 신뢰감 있고 흥미로우며 정보의 가치를 가늠할 수 있는 제목입니다. 그다음은 기대하고 이메일을 열었을 때 맞이하는 첫 화면이겠죠. 보도자료의 가치를 좌우하는 것은 어쩌면 크게 신경을 쓰지 않을 수 있는 이메일 수신자의 '설정명'일 수도 있습니다. 발신자가 수신자인 나를 어떻게 설정해두고 있는지 알 수 있는 가늠자가 되어주기도 하니까요.

○○ 님, 기사를 내려면 어떻게 해야 하나요?
"굳이 모욕감을 주지는 마세요"

'○○ 님'으로 시작하는 이메일의 첫마디를 보고 아연했습니다. 개인 계정으로 온 것도 아니고, 회사 계정 이메일로 저에게 용건이 있는 분이라면 그냥 기자를 찾는 것이 일반적이니까요. 온라인쇼핑몰에서도 보통은 ○○○ 고객님 정도로 부르지 않나요.

"○○ 님, 저희는 패션 관련 아이템을 만드는 회사인데요. 우리 쇼핑몰 관련 기사를 내고 싶은데, 어떻게 해야 하나요? 비용이 든다면 얼마가 드는지 알려주세요."

대강 이런 내용이었습니다. 간혹 긴장한 나머지 (아주 드물지만, 간혹 비하의 의미로) 경향신문이 아닌 경향일보라고 회사 이름을 잘못 부른다든지, 한 번에 알아듣거나 알아보기 어려운 이름인 만큼 미묘하게 틀린 이름으로 저를 찾는 일은 왕왕 있었어도 이런 경우는 처음이었습니다.

기사를 내는 데 보도자료를 제공하는 회사의 규모는 중요하지 않습니다. 보도자료 제목에 익숙한 회사의 이름이나 브랜드명이 있으면 더 눈에 띌 수는 있겠지만, 일반적으로 기사로서 가치가 있고 독자들에게 유의미한 정보가 된다면 얼마든지 보도자료가 기사로 이어질 수 있습니다.

그런데 이렇게 기사와 광고의 구분도 하지 못한 채, 심지어 기사를 내는 데 얼마가 드는지 알려달라고 요청하는 이메일이 아주 가끔 '당도'합니다. 인플루언서의 위상이 높아지면서 "내가 이런저런 사람인데 기사를 내려면 어떻게 해야 하느냐"라고 물어오는 일도 있습니다.

그렇다고 홍보 전문가가 아니라, 아마추어가 보낸 자료라고 무시하는 건 절대 아닙니다. 취지가 좋은 동네 행사나 개인 예술가가 보내주는 자료는 눈여겨보고 기사화하기도 합니다.

기자들이 내외부에서 자주 받는 공격 중 하나가 "이거 홍보 아냐?"라는 겁니다. 특히 저희가 쓰는 유통, 생활, 패션 등에 관한 기사의 상당수가 신제품과 관련한 내용을 다루다 보니 그런 혐의를 피해가기 쉽지 않습니다. 하지만 스타들도 새 음반이나 작품을 내놓고 홍보에 나서고, 이는 소비자나 독자에게 아주 가치 있는 정보가 되죠. 그렇게 따지면 정치인의 사회관계망서비스(SNS) 코멘트를 기반으로 쓰는 정치 기사도 홍보 의혹을 벗어나기는 어려워 보입니다. 수용자에게 가치가 있다면, 늘

기삿감으로 충분하다고 생각하고 있습니다.

제게 시간과 의지가 있었더라면 "귀사가 제작하는 제품에 관한 특장점 및 관련 스토리, 할인 이벤트 등의 정보를 정리해서 보내시고 그것이 유익하다고 판단되면 '무료'로 기사화할 수 있습니다"라고 답변을 했을 수도 있습니다. 나아가 언론에 제공하는 보도자료의 요건에 대해서도 짧게나마 알려드릴 수 있었을지도 모르겠네요. 정말 시간과 의지가 있었더라면 말입니다.

신생 업체라면 이렇게

- **메일 제목에 힘을**: 온라인이나 신문 지면의 기사 제목을 참고해 내가 원하는 기사의 제목을 미리 지어보세요.
- **'기자'에게 보내는 것을 전제로**: 광고부나 사업부서로 보내는 협업이나 광고 제안이 아닌 이상, 기사를 원한다면 수신자를 기자로 상정하고 인사를 건네세요. 단체 발신이면 수신자 이름을 굳이 호명하지 않아도 됩니다. "안녕하세요. 친환경 데님 브랜드 □□의 홍보 담당자 ○○○입니다."
- **업체 소개는 간단명료하게**: '하이엔드 프리미엄 럭셔리' 등 뜬구름 잡는 듯한 수식이 아닌, 직접적으로 와닿을 수 있는 '분야, 업종' 등의 설명을 업체명 앞에 붙이세요.
- **본문에 앞서 보도자료의 핵심을 한 줄로**: 신제품 출시의 경우 기존 제품이나 타사 제품과의 차별점을 강조한 마케팅 포인트를 한 줄로 붙여주세요.

3

제시간에 도착해야 할 보도자료

'쓰고 싶어도 못 쓰는 보도자료'

함께 여행을 다니는 친구가 두 명 있습니다. 여행 멤버의 요건에는 여러 가지가 있죠. 최근 본 'MBTI별 기내 모습'이라는 일러스트에 따르면 INFJ는 감성 맛집, 감성 카페, 감성 충만 여행을 상상하며 설레는 반면 ESFP는 '마냥 신남'이라고 묘사했더군요. 저희는 여기에 '여행지 역사, 문화, 경제를 열심히 조사하는' INTJ 총무를 둔 환상의 조합입니다.

저는 무엇보다 여행 멤버의 요건으로 중요한 것이 식성이라고 보는 사람입니다. 다시 말해 음식에 쓰는 비용의 기준이 어느 정도 맞아야 하는 거죠. 해당 여행지의 맛집이라면 가격대가 얼마든지 간에 가서 꼭 먹어봐야 하는 사람, 잠은 좀 불편한 곳에서 자더라도 파인다이닝 체험은 해봐야 하는 사람이 있는가 하면, 길 떠나면 편의점 도시락이나 길거리 음식을 즐기고 빵으로 대충 때우거나 한 끼 정도 건너뛰는 것은 예삿일인 사람도 있기 때문입니다.

다행히 제 친구들은 식사는 무슨 일이 있어도 거르지 않아야 하며, 고급 음식은 아니더라도 제철 먹거리는 챙기면서 계절을 보내는 나름 미식가 집단입니다. 그중 딸기 뷔페는 이른 봄을 맞는 우리의 루틴이었습니다. 딸기 뷔페라면 온통 딸기로만 채워질 거라고 생각하지만, 생딸기부터 딸기로 만든 각종 디저트는 기본이고 단것을 더욱 맛있게 먹을 수 있는 '매콤한 국수'같이 의외의 메뉴도 포함되어 있습니다. 샴페인을 곁들일 수 있는 애프터눈 티 프로모션 역시 우리가 눈여겨보는 이벤트 중 하나입니다.

때마침 서울 시내 한 특급호텔의 식음료 프로모션 관련 보도자료를 받았습니다. 친구들과 함께 가면 좋을 법했습니다. 게다가 일찍 예약하면 25%나 할인 혜택을 주는 얼리버드 이벤트도 하고 있었습니다. 기사를 쓰기 전에, 또 친구들의 단톡방에 이 낭보를 알리기 전에 실제로 예약할 수 있는지 확인해보고 싶었습니다. 그런데 예약할 수 있다는 대형 포털사이트에 들어가 보니 웬걸, 해당 이벤트는 이미 종료된 상태였습니다. 포털 검색을 해보니 제가 받은 자료와 같은 내용을 쓴 기사 내용만 걸릴 뿐이었습니다.

보내주신 자료 잘 받았습니다.

그런데 본문 중

"2월 10일까지 네이버를 통해 예약 시 25% 할인 혜택을 제공하는

얼리버드 이벤트를 제공하고 있다"라는 내용이 있는데,

포털사이트에서 확인해보니 얼리버드 예약은 5일까지 예약 시

할인이 가능하다고 나옵니다.

확인해주셔야 할 것 같아서 연락드립니다.

　

　홍보팀에 이메일을 보내고 얼마 뒤 자료에 잘못된 내용이 포함됐다는 이메일이 왔고, 이어 정정된 보도자료가 도착했습니다. 일주일 전에 도착했더라면 아주 유용한 할인 정보가 담긴 보도자료였겠지만, 할인 혜택이 사라진 자료는 큰 매력을 잃었습니다. 우리는 할인에 민감한 소비자가 아니던가요. 무려 25%의 할인 혜택을 받을 수 없게 된 소비자들의 낙담은 얼마나 클까요. 또한 기사를 보고 예약하러 갔더니 이미 종료된 이벤트였다며 기자나 매체를 탓하지는 않았을까요.

　최근 들어 '피켓팅(피 튀기는 티케팅)'이라고 할 정도로 모든 일상 소비가 예약 전쟁이 된 느낌입니다. 코로나19 초기의 마스크 대란 때 아침 9시마다 풀리는 마스크를 사기 위해 스마트 스토어에 들어갔다가 매일같이 열패감을 안고 후퇴했던 기억이 지금도 생생합니다. 좋아하는 배우가 나오는 뮤지컬 티켓은 말할 것도 없고, 작년에 맛있게 먹었던 복숭

아농장의 황도도, 사무실에 놓고 먹을 티백도 '피켓팅'을 거쳐야 살 수 있는 시대입니다.

얼마 전 어린이를 위한 공연 이벤트를 여는 행사 보도자료를 받고 기사를 작성해 송고한 뒤, 조카랑 함께 갈까 싶어서 예약 사이트를 열었다가 또 한 번 화들짝 놀랐습니다. 이미 '전석 매진' 상태이기 때문이었어요. 아, 기사를 쓰기 전에 예약을 먼저 해야 했던 거였나요? 아니, 제 기사를 보고 참전했을 독자들의 열패감은 또 어쩌란 말인가요.

임박한 내용을 담은 보도자료는 기사로 쓰고 싶어도 쓸 수가 없습니다. 기사 배포 시점이 정해진 엠바고를 지키는 것도 중요하지만, 독자들이 그 기사를 보고 활용할 만한 시간에 맞춰 보도자료를 보내는 것 역시 중요합니다. 적어도 예약과 같은 절차가 필요한 자료는 티켓 판매 전에 여유 있게 기자에게 닿도록 해주세요.

4

인생은 타이밍이다?
보도자료도 그렇습니다

몇 날 며칠을 고생해서 작성한 당신의 보도자료가 완성됐습니다. 이제 언제 보낼지가 관건으로 남습니다. 기자들의 메일함에는 하루에 수십 통에서 수백 통의 메일이 쏟아져 들어옵니다. 날개를 한번 펴보지도 못하고 나의 소중한 보도자료가 묻힐 수도 있다는 말입니다. 그중 가장 중요한 것이 타이밍입니다. 너무 이른 새벽에 보내도 수많은 메일 속에 묻힐 수 있습니다. 설마 점심 먹고 편안하게 보라고 2시쯤 보내시는 분은 없으시죠? 그즈음에 보내는 것은 잘 쓴 보도자료의 생명을 반으로 단축하는 일입니다.

보도자료를 보내는 타이밍은 기자들의 하루 일정을 잘 파악하고 정해야 합니다. 기자들은 보통 오전 8시에서 9시쯤 그날 쓸 아이템을 선정합니다. 통상 출근 시간인 딱 오전 9시에 메일함을 여는 기자도 있겠죠. 그런 이유로 보도자료 대부분은 보통 9시 직전에 쏟아져 들어옵니다. 이때

18

보도자료를 보내는 것이 정석입니다. 아이템을 고르는 바쁜 시간대인 만큼 한눈에 알아볼 수 있도록 제목은 한 줄에 다 넣어서 '최대한 간결하게! 자료의 주제를 명확하게!' 담아 전달하는 것이 좋습니다. 제목에 "즐거운 하루 보내세요", "오늘 날씨가 참 춥습니다", "맑고 향기로운 나날 보내세요" 등의 문구는 바쁜 와중에 오히려 방해가 됩니다. 그리 전문가다워 보이지도 않고요. 혹여 아침 보도자료 전쟁터에 살아남을 자신이 없다든가 시의성 없는(굳이 오전에 온라인 기사에 반영되지 않아도 되는) 보도자료를 쓰셨다면 오전 시간은 과감하게 피하는 것도 팁입니다.

대부분 온라인 매체는 오전 기사 송고 시간이 지나고 점심시간 이후에는 약간의 여유가 있습니다. 기자들도 조금의 여유를 갖고 보도자료를 '즐기며' 볼 수 있는 시간이죠. 보도자료를 보면서 차후 아이템을 선정하거나 좀 더 깊이 다룰 만한 자료 위주로 찬찬히 훑어봅니다. 이때는 오전과 달리 튀는 제목이나 여러 가지 매력 발산을 해도 되는 시간입니다. 단, 지면 매체 기자들은 보통 4시가 마감이므로 그때까지는 메일함도 쳐다볼 수 없을 정도로 바쁠 수 있어요. 오후 4시 이후 퇴근 시간까지는 내일 아이템을 준비하기도 합니다. 지면 기사 맞춤형 보도자료라면 4시 이후에 보내보는 것도 괜찮습니다.

[그림 1] 눈에 띄고 싶어서 같은 메일로 도배를 하는 것은 금물!

행여 튀어보겠다고 새벽에 보내는 일은 하지 마세요. 절대 눈에 띄지 않습니다. 아무리 매력적인 보도자료라도 어제 기사도 아니고 오늘 기사도 아닌 애매한 시간 때문에 무참히 '킬' 당할 수 있습니다.

'튀어보겠다'고 도배를 하시면 안 됩니다. 간혹 같은 자료를 반복해서 수없이 보내는 분들도 계십니다. 오히려 보도자료의 가치만 떨어뜨릴 뿐 절대 도움이 되지 않습니다. 버릴 보도자료는 100개, 1,000개를 보내도 버려집니다.

그렇다면 최적의 요일은 언제일까요? 체감상 보도자료가 가장 적은 날은 월요일입니다. 이것저것 쓰고 싶어도 쓸 만한 자료가 없다 싶을 때면 여지없이 월요일이었습니다. 본사 컨펌이나 여타 다른 사정이 있는 지는 자세히 모르겠습니다. 기자들도 한 주를 시작하는 날이니만큼 월요일을 보도자료의 날로 잡아보시면 어떨까요? 쓸 기사가 별로 없다는 건 다른 말로 네이버 같은 포털사이트 뉴스란 메인에 올릴 만한 기사가 없다는 뜻이기도 합니다. 타이밍만 잘 맞추신다면 '꿈의 메인'을 귀사도 장악할 수 있습니다!

　업종별로 다르겠지만, 연예 매체에서 일할 당시 자료가 없어서 곤란했던 건 일요일 오전이었습니다. 신문은 월요일에 발매하기 때문에 기자들은 일요일에도 근무합니다. 제 경험으로는 일요일 오전에 받는 보도자료는 다소 마음이 들지 않아도 넉넉한 마음으로 기사화했습니다. 네이버도 올릴 메인이 없었는지 평일이라면 메인에 올라갈 수 없는 자료가 그곳을 차지하곤 했습니다. 업종별로 다르겠지만, 대중문화 혹은 연예 관련 보도자료를 쓰신다면 일요일 아침 타이밍이 노려볼 만하다는 생각이 듭니다.

5

무명의 그대여,
연락처 좀 주세요

팬데믹이 한창이던 2020년, A 스타트업에서 새로운 애플리케이션(앱)을 출시했다는 내용의 보도자료를 보냈습니다. 인공지능(AI) 시대를 맞아 발명한 신기술을 반영한 앱은 제목만으로도 획기적이었죠.

호기심에 자료를 열어봤지만, 어려운 전문용어가 빼곡하게 도배돼 있어 이해하기 어려웠습니다. 가장 중요한 기능, 즉 신기술에 관한 설명도 부족했습니다. 다시 이메일을 열어서 보낸 이, 즉 담당자의 연락처를 찾아봤습니다.

두어 번을 다시 읽어도 휴대전화 번호로 짐작되는 숫자를 찾을 수 없었습니다. 신제품 소개이니만큼 '되도록 빠르게' 노출하는 것이 목표였을 텐데 그 속도에 치중하느라 미처 남기지 못한 것일까요.

이번엔 보낸 사람의 이름을 들여다봤습니다. 아무개라는 이름이 적혀 있어야 할 자리에 깜찍한 '닉네임'이 적혀 있었습니다. 뭐 그럴 수 있죠. 외국계 기업이라면 닉네임을 사용하는 일이 종종 있으니까요.

목마른 자가 우물을 파는 법입니다. 회신 버튼을 누르고 신분을 밝힌 뒤 추가 자료를 요청했습니다. 가능하다면 '통화 가능한 유선 번호'를 남겨달라고 특별히 한 줄을 더 넣었습니다.

30여 분이 지났을 때 답 메일이 왔습니다. 본인은 홍보를 담당하는 직원일 뿐 문의한 내용은 자신이 답할 수 있는 분야가 아니라는 내용이었습니다. 의아했지만 다시 한번 '기술을 설명해줄 담당자에게 문의해 답변을 달라'고 요청했습니다. 그러나 돌아온 것은, 한 학기 전공 수업 교재로도 손색없는 방대한 분량의 자료뿐이었습니다.

기자 또한 모든 세상사를 알지 못합니다. 때로는 기사를 쓰기 위해 공부를 하기도 하고, 전문가를 만나 취재를 통해 정보를 얻기도 합니다. 보도자료를 보고 궁금증이 생기는 일도 비일비재합니다. 그런데 홍보의 시작, 의사소통을 위한 가장 기본적인 정보인 연락처를 남기지 않는다는 것은 마치 '자료를 주고는 있지만, 당신과 대화할 생각은 없다'라는 의미로 해석됩니다.

구인·구직 전문 포털 알바천국이 2022년에 1980년대 초부터 2000년대 초까지 출생한 2,735명을 대상으로 조사한 결과, 29.9%가 "콜포비아를 겪고 있다"라고 답했습니다. '콜포비아'란 전화벨만 울리면 깜짝 놀라 심장이 덜컥 내려앉는 듯한 느낌, 즉 통화 공포 증상을 의미합니다.

누군가에게 통화는 불편한 소통법일 수 있습니다. 온라인 메신저가

당신의 보도자료: 네이버 가거나 휴지통 가거나

더 빠르고 유용할 수 있지요. 흩어져버리는 말보다 활자로 남는 문자가 더 명확하게 느껴질 수도 있겠죠. 그러나 때때로 통화가 더 빠르고 정확할 때도 있습니다.

깜찍한 닉네임을 갖고 있던 무명의 담당자와는 이메일을 몇 번 더 주고받았지만, 끝내 그 담당자의 연락처는 알 수 없었습니다. 기사도 결국 쓰지 못했고요.

6

와인을 샀더니 ○○ 상품권이…
제목부터 노잼이면 읽지 않습니다

"와인을 샀더니 배달의 ○○ 상품권이…."

스크롤을 하다가 시선을 사로잡는 문구를 보았습니다. 경품 행사 관련 자료라는 것을 알면서도 평소 자주 쓰는 배달 앱 상품권을 사은품으로 제공한다는 말에 솔깃했습니다. 요즘처럼 불경기에 이런 '뜻밖의 선물'을 마다할 사람은 없겠죠.

아마도 다수의 기자가 출근 후 가장 먼저 하는 일은 이메일 확인일 겁니다. 단신 기사도, 한 면을 가득 채우는 기획 기사도 시작은 결국 보도 자료이기 때문입니다.

그러나 안타깝게도 현실적으로 모든 이메일을 열어볼 수는 없습니다. 데스크에게 어떤 기사를 쓸 것인지 보고하고 공유하는 발제의 시간은 언제나 촉박하고, 이 자료를 기사화했을 때 어떤 반향을 일으킬 것인가 고민에 고민을 거듭합니다. 이것은 기자의 숙명이기도 합니다.

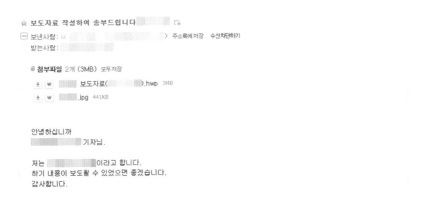

그렇다면 어떤 이메일이 '클릭'으로 이어질까요. 첫 번째 필터링의 기준은 '제목'입니다. 무미건조하게 정보를 곧이곧대로 전달하는 정/직/한 자료들은 매력적으로 다가오지 않습니다. '〇〇〇에서 자료 보냅니다', '〇〇미술관, 체험 프로그램 시작', '〇〇호텔 레스토랑 2023 신메뉴 출시' 등이 대표적입니다. 더욱이 자료를 보낸 업체가 생소한 이름이라면? 흡사 학창 시절 전과 목차를 떠올리게 하는 프로그램과 메뉴라면? 시간을 할애해 메일을 열어서 볼 이유가 없죠.

더욱이 메일 제목이야말로 자료를 보낸 사람의 '센스'를 확인할 수 있는 척도입니다. 가장 먼저 자료를 접하는 최초의 독자인 기자의 마음도 열지 못한 자료가 어떤 독자를 변화시키고 감동을 줄 수 있을까요. 아무리 좋은 제품도, 아무리 기발한 행사도 읽지 않으면 무의미할 겁니다.

물론 단순함이 통할 때도 있습니다. 대표적으로 클릭을 할 수밖에 없는 톱스타의 이름이 들어 있는 경우입니다. 방송인 유재석, K팝 스타 방탄소년단(BTS)의 행보를 궁금해하지 않을 사람은 없으니까요.

혹여 제목의 작명 센스가 부족하다면 기자의 이름을 넣어보기를 바랍니다. 자신의 이름 석 자가 들어 있는 메일은 아무래도 더 챙겨 보게 됩니다. 모두에게 보내는 '복붙(복사해 붙여넣기)' 자료가 아닐지도 모른다는 기대감으로 말이죠. 그러나 이 또한 남발은 금물입니다.

끝으로 지나친 낚시성 제목 또한 지양해주세요. 허무함에 휴지통을 넘어 차단의 대상이 될지도 모르니까요.

7

'폭탄'이 되고 싶지 않다면
메일 리스트를 주기적으로 정리하세요

팬데믹으로 극장을 찾는 이들이 줄었던 2021년의 어느 날입니다. 간만의 개봉작에 한껏 들뜬 목소리로 한 영화 홍보사 직원이 전화를 걸어왔습니다.

이메일 내용을 간단하게 설명하고 시사회 일정을 안내한 그는 "조만간 보자"라고 통화를 마무리했습니다. 30여 분이 흘렀을까요. 같은 번호로 또 전화가 왔습니다. 놓친 부분이 있었나 하고 고개를 갸우뚱하며 통화 수락 버튼을 눌렀습니다. 뭔가 이상했습니다. 그가 같은 사람에게 전화를 건 사실을 모른다는 느낌이 들었습니다.

조심스럽게 "아까 통화를 하지 않았느냐"라고 물었습니다. 그는 당황해하며 "동명이인인 줄 알았다"라고 변명을 했습니다. 여기서 끝이 났으면 참 유쾌한 에피소드였을 텐데 그의 전화는 그 이후로도 한 번 더 이어졌습니다. 갖고 있던 기자 리스트가 중복됐던 탓입니다. 비단 연락처

뿐이 아닙니다. 업무와 부서에 따라 다르겠지만, 평균적으로 기자들이 하루에 받는 이메일은 수십 통에서 수백 통에 가깝습니다. 연차가 높을수록 그 메일의 숫자는 늘어나겠죠. 이런 상황에서 중복 메일은 폭탄이 되곤 합니다.

홍보도 결국 사람이 하는 일입니다. 기자들 역시 이런 실수에 각박할 만큼 비정한 사람은 아닙니다. 개중에는 인터넷 접속 문제로 같은 메일이 여러 번 전송된 사례도 있을 겁니다. 그러나 이와 같은 실수가 끊임없이 반복된다면? 매일 특정인으로부터 같은 이메일을 반복적으로 받는다면? 이 사람이 제대로 나의 존재를 알고 있긴 한 것일까 하는 의문이 생깁니다.

간발의 시차를 두고 온 10통의 이메일이 모두 같은 내용이라는 사실을 인지했을 때에는 진지하게 '스팸' 신고를 고민한 적도 있습니다. 그가 보내는 이메일과 자료가 아무리 훌륭하다 한들 말이죠.

이메일을 보내기 전 최소 중복되는 주소는 없는지 꼭 확인해보세요. 물론 세심하게 살핀다고 해도 시간이 누적되다 보면 중복 주소가 발생할지도 모릅니다. 방법은 간단합니다. 보유한 이메일 리스트를 정기적으로 짚어보면 됩니다. 만약 공용 회사 이메일을 사용한다면 각자의 인맥 리스트가 겹치지 않도록 유의해야 합니다.

하나의 팁을 더하자면 종합지 기준 평기자들은 일정 시기를 두고 부서 이동을 합니다. 취재하는 분야와 영역이 바뀐다는 뜻입니다. 퇴사와 이직을 하는 이들도 있을 겁니다. 정성스럽게 준비한 보도자료가 이름 모를 누군가의 스팸으로 버려지기를 바라지 않는다면 일정 기간을 두고 자신이 '관리해야 하는' 기자들의 리스트를 정리해보는 것도 꼭 필요한 작업입니다.

2장

휴지통으로 보내는

보도자료

1

외래어,
피할 수 없다면 표기법에 맞게 써주세요

"런칭 초기부터 울트라 럭셔리 브랜드의 글로벌 앰버서더를 맡았던 김스타가 최근 스트릿 무드의 무알콜 맥주를 출시한 울트라 하이엔드사와 콜라보레이션 화보를 촬영했다. 싱가폴에서 진행된 이번 화보에서 김스타는 '로멘틱 썸머' 컨셉에 맞게 이번 SS 시즌 콜렉션의 블랙 자켓, 수트, 가디건 등을 활용한 스타일링을 선보였다. 볼드한 악세서리와 엣지 있는 포즈는 김스타가 영화 <치명적인 여자>에서 보여줬던 팜므파탈의 매력을 물씬 풍기며 현장 스탭들의 찬사를 한 몸에 받았다는 후문이다. 최근 헐리웃의 프로포즈를 받은 탑스타 김스타는 북미 시장을 타겟으로 한 한류의 심볼로 성장할 것으로 기대를 모은다."

얼마 전 외부 필자가 보내온 칼럼 중에 '스트릿 독'이라는 표현이 있었습니다. tvN 예능프로그램 <캐나다 체크인>에 출연한 이효리 씨가 제주도에 그렇게 개가 많으냐는 질문을 받고 답하는 대목이었습니다. "스

당신의 보도자료: 네이버 가거나 휴지통 가거나

트릿 독이 많아요"라는 문장은 "스트리트 도그(떠돌이 개)가 많아요"로 수정했습니다. 외래어표기법에 따른 것입니다. 그렇다면 TV 프로그램 <스트릿 우먼 파이터>, 영화 <스페이스 독>은 다 틀리게 쓴 거냐? 네, 틀리게 쓴 겁니다.

우리 국민의 영어 실력은 나날이 느는데, 그와 다른 표기법은 너무나 구시대적이라고요? 어쩔 수 없습니다. 다만 배우들의 이름은 차츰차츰 실제 발음에 가까워지고 있는 듯합니다. 레오나르도 디카프리오가 리어나도 디캐프리오로 바뀌었듯이요.

외래어 표기는 기자들도 너무나 잦은 실수를 범하는 영역입니다. 특히 패션이나 뷰티 쪽 관련 기사를 쓰려면 항상 현실의 언어와 교열부의 언어 사이에서 자주 딜레마에 빠집니다. 우리 회사 교열부에서는 가급적 외래어 사용을 지양하기를 바라거든요. 그래서 '통바지'가 아닌 '와이드 팬츠'를 그대로 쓰되, '통이 넓은 와이드 팬츠'로 쓰자는 식으로 나름 절충안을 찾기도 합니다.

교정 교열을 꼼꼼하게 보는 지면 기사는 아무래도 더욱 신경이 쓰이게 마련이지만, 그보다는 숨통이 트이는 온라인 기사에서는 그래도 '트렌디'한 외래어를 더 자유롭게 쓰고는 합니다.

또 특정 시기가 되면 자주 쓰는 외래어가 있습니다. 입말과 실제 표기가 달라서 특히 신경을 써야 하는 외래어가 좀 있습니다. 뭐 일반인이야 상관없지만, 매년 특정 시기가 되면 쓰는 단어인데 매번 틀리게 써서 데스크가 촉각을 곤두세우는 단어입니다. 데스크 입장에서 제대로 쓰라고 얘기를 할까 싶어도 '일 년에 한 번 있는 날이니 한 번만 꾹 참자'하고 발렌타인데이는 밸런타인데이로 고치곤 하는데, 이런 기자는 핼러윈도 할로윈으로 쓰는 상습범이기 일쑤죠. 참다 참다 한번 터지면 가만히 있다가 갑자기 '버럭' 하는 미친 데스크가 되기 십상입니다.

외국 브랜드, 특히 패션 뷰티 관련 종사자의 경우 영어 능통자도 워낙 많다 보니 외래어 표준 표기와 실제 발음 간의 괴리를 몹시도 견디기 어려울 수 있습니다. 하지만 자주 쓰는 외래어의 경우 표준 표기법을 맞춰서 써주면 자료의 신뢰도를 한결 높일 수 있습니다. 별것 아닌 것 같지만, 별것 아닌 것을 일일이 고치는 과정이 잔잔한 스트레스를 불러오기 마련이니까요.

외래어 표기는 국제 음성 기호와 한글 대조표를 따라 쓰는 것을 원칙으로 합니다. 복잡한 듯하지만 아주 간단합니다. 받침은 ㄱ, ㄴ, ㄹ, ㅁ, ㅂ, ㅅ, ㅇ만을 씁니다. 모음은 될 수 있는 대로 정직하게 쓴다고 생각하면 됩니다. 이를테면 커피샾이 아니라 '커피숍'이라고 쓰는 겁니다. 파열음 표기도 된소리보다는 거센소리를 쓰면 됩니다. ㄲ보다는 ㅋ, ㄸ보다는 ㅌ, ㅃ보다는 ㅍ을 쓰면 쉽습니다. 프랑스 빠리가 아니라 '파리'라고 쓰고, 또스트가 아니라 '토스트'라고 쓰듯이요. 단, 말레이인도네시아어, 태국어, 베트남어 등 동남아시아 3개 언어에서는 된소리를 인정하고 있습니다. 흔히 틀리는 것이 인기 여행지 이름인데, 태국의 푸케트가 아니라 푸껫, 베트남의 호치민이 아니라 호찌민이 옳은 표기입니다.

틀리기 쉬운 외래어 표기

가디건 → 카디건

라운드 넥 → 라운드네크

런칭 → 론칭

로멘틱 → 로맨틱

리더쉽 → 리더십

매니아 → 마니아

소울푸드 → 솔푸드

숏 팬츠 → 쇼트 팬츠

수트 → 슈트

스웻 셔츠 → 스웨트셔츠

스탭, 스텝, 스탶 → 스태프

스트릿 → 스트리트

심볼 → 심벌

싱가폴 → 싱가포르

썸머 → 서머

아트웍 → 아트워크

악세서리 → 액세서리

알콜 → 알코올

앙케이트 → 앙케트

애드립 → 애드리브

앰버서더 → 앰배서더

엣지 → 에지

자켓 → 재킷

컨셉 → 콘셉트

콜라보레이션 → 컬래버레이션, 협업

콜렉션 → 컬렉션

크롭 셔츠 → 크롭트 셔츠

클라이막스 → 클라이맥스

타겟 → 타깃

탑스타 → 톱스타

티켓팅 → 티케팅

화이팅 → 파이팅

팜므파탈 → 팜파탈

프로포즈 → 프러포즈

플랭카드 → 플래카드

할로윈 → 핼러윈

헐리웃 → 할리우드

휘트니스 → 피트니스

주어 다음엔 동사?
'외쿡' 기업의 흔한 실수

유행에 국경이 있을까요? 전 세계 유수의 브랜드들이 한국 소비자들을 유혹하기 위해 두 팔을 걷어붙였습니다. 유명 브랜드 역시 한국 시장을 무대로 다양한 마케팅을 펼치고 있습니다.

글로벌 투자은행(IB) 모건스탠리는 '명품 소비 분석 보고서'를 통해 세계에서 1인당 명품 소비를 가장 많이 하는 나라가 중국도, 미국도 아닌 한국이라는 분석을 내놓았습니다.

시장 가능성에 K팝 스타들을 글로벌 홍보대사로 내세우고 브랜드 간판으로 활용해 인지도를 높이려는 움직임도 활발합니다. 이 '직진' 행보에 찬물을 끼얹는 것은 단 하나, 브랜드의 가치를 떨어뜨리는 엉성한 보도자료입니다. 대표적 사례를 추려봤습니다.

"세상의 꼭대기. 해수면에서 1만 피트 이상의 고도에 위치했다. 전망 원더풀. 그것이 우리 ○○○호텔의 넘버원 룸이다."

"우리의 지난 3일 환상적인 행사를 가졌다. 그 행사에는 우리의 페블러스한 글로벌 앰버서더 ○○○, ○○○, ○○○가 참석했다."

"○○의 립 메이크업 아이템은 벨벳 스웨이드 케이스에 파우더리한 매트 피니시가 돋보이는 ○○○ ○○○로 가벼운 텍스처와 롱래스팅 효과가 큰 특징이다."

"○○는 ○○○와 파트너십을 지속할 수 있어 영광이다. 우리 자신을 위해 가지고 있는 사랑의 중요성과 관계를 진심으로 축하할 때, 우리의 관계가 얼마나 아름다운지 훨씬 더 깊이 알 수 있게 됐다."

'대체 뭐라는 거야'라는 속내가 나도 모르게 입 밖으로 튀어나오진 않았나요. 간혹 외국계 기업 담당자가 보낸 메일을 읽다 보면 학창 시절 영어 문법 시간에 배웠던 일명 '주어+동사(S+V)'의 공식과 마주하는 경우가 있습니다. 영어 단어인 'have'를 직역해 '행사를/만찬을 가지다'로 표현하거나 '하지 않으면 안 된다'라는 식의 이중 부정의 표현을 사용하는 일도 빈번합니다.

아마도 한국어를 완벽하게 이해하지 못했거나 영한 번역이 익숙하지 않아 발생한 실수일 겁니다. 어설픈 외래어나 영어식 표현을 그대로 직역한 사례도 비일비재합니다. 때론 '파파고' 같은 AI 번역기를 돌린 걸 그대로 보냈나 싶을 정도로 당황스러운 문장도 접하곤 합니다.

조금만 신경을 써서 한국 정서에 맞는 표현, 한국 문화를 녹여 각색했다면 세련된 문구가 완성됐을지도 모릅니다. 번역기를 돌리면 나오는 기계적 표현이 아니라, 사람의 마음을 울릴 한 문장에 대한 고민이 절실히 필요합니다.

'외국 기업이기 때문'이라는 변명은 더는 면피가 될 수 없습니다.

3

한자, 잘 모르면 쓰지 마세요
일명 姑(시어미 고) 대참사!

홍보인들도, 기자들도 한자 사용이 익숙하지 않은 세대가 대세가 됐습니다. 심지어 한자 교육을 받은 세대인 저도 모르거나 헷갈리는 한자가 태반이니까요. 학창 시절에 배운 한자는 다 까먹고 아이의 <마법천자문>으로 다시 공부한다는 이들도 있습니다. 이해는 합니다. 모르면 안 쓰면 되지요. 한글만으로 충분히 뜻을 전달할 수 있는데 굳이 틀린 한자를 쓸 필요는 없습니다.

그런데 꼭 틀린 한자를 쓰는 경우가 있습니다. 이렇게 되면 한자 세대가 아닌 기자들도 이를 그대로 기사화해 다수의 매체가 대동단결로 대참사가 나는 경우가 발생합니다. 특히 고인을 뜻하는 '옛 고(故)'를 '시어미 고(姑)'로 써버리는 경우가 너무 많습니다. 고인을 기리거나 최소한 설명하는 보도자료라서 매우 진중한 내용이 틀림없을 것인데 시어미 고가 나와 버리면 정신이 아득해지는 것은 어쩔 수가 없습니다. 고인에

40

대한 모독까지는 아니지만, 진중한 내용 사이에 '시어미 고'는 마냥 실수로 받아들일 수가 없답니다. 한글 프로그램에서 확인해보니 한자 변환 기능에서 '시어미 고'가 '옛 고'보다 먼저 나오는 것도 아닌데 틀리게 쓰는 경위가 개인적으로는 상당히 궁금합니다.

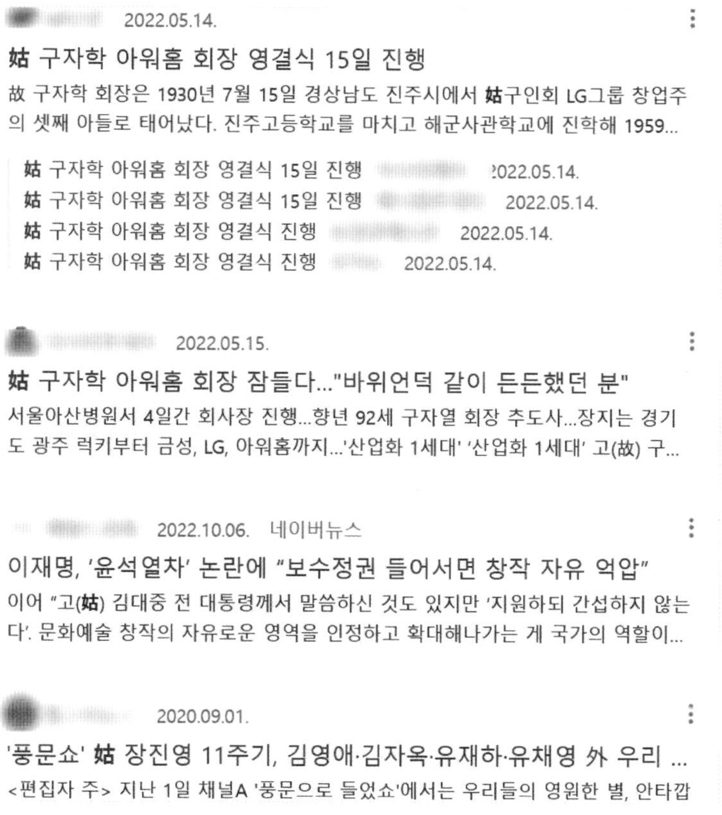

姑 구자학 아워홈 회장 영결식 15일 진행
2022.05.14.
故 구자학 회장은 1930년 7월 15일 경상남도 진주시에서 **姑**구인회 LG그룹 창업주의 셋째 아들로 태어났다. 진주고등학교를 마치고 해군사관학교에 진학해 1959...

姑 구자학 아워홈 회장 영결식 15일 진행 2022.05.14.
姑 구자학 아워홈 회장 영결식 15일 진행 2022.05.14.
姑 구자학 아워홈 회장 영결식 진행 2022.05.14.
姑 구자학 아워홈 회장 영결식 진행 2022.05.14.

姑 구자학 아워홈 회장 잠들다..."바위언덕 같이 든든했던 분"
2022.05.15.
서울아산병원서 4일간 회사장 진행...향년 92세 구자열 회장 추도사...장지는 경기도 광주 럭키부터 금성, LG, 아워홈까지...'산업화 1세대' '산업화 1세대' 고(故) 구...

이재명, '윤석열차' 논란에 "보수정권 들어서면 창작 자유 억압"
2022.10.06. 네이버뉴스
이어 "고(**姑**) 김대중 전 대통령께서 말씀하신 것도 있지만 '지원하되 간섭하지 않는다'. 문화예술 창작의 자유로운 영역을 인정하고 확대해나가는 게 국가의 역할이...

'풍문쇼' 姑 장진영 11주기, 김영애·김자옥·유재하·유채영 外 우리 ...
2020.09.01.
<편집자 주> 지난 1일 채널A '풍문으로 들었쇼'에서는 우리들의 영원한 별, 안타깝

[그림 2] '옛 고(故)'를 '시어미 고(姑)'로 쓴 기사

심지어 남성을 뜻할 때 남녘 남(南)을 쓰는 예도 있지요. 이는 한자 변환에서 사내 남(男)보다 남녘 남(南)이 먼저 나오는 것이니 일부 이해는 갑니다(사실은 이 역시 이해가 안 됩니다. 동서남북의 남이라니!).

보도자료는 한 사람이 쓰고 보내면 끝이 아니라고 알고 있습니다. 최소 실무자나 상사의 컨펌을 받은 뒤 보낼 텐데, 이런 사소한 실수가 자꾸 벌어지는 이유는 무엇일까요?

홍보 초보 홍린이, 기자 초보 기린이라고 쓰지 않잖아요? 가장 트렌디한 언어 사용법

"안녕하세요.

홍보대행사 만능의 김알림 대리입니다.

오마이스포츠에서 등린이, 골린이, 캠핀이, 테린이를 위한 신제품을 출시했습니다. 긍정적인 검토 부탁드립니다."

제가 문제의 이 용어를 처음 들은 건 3년 전 여름이었습니다. 코로나 19로 해외여행은커녕 집 밖으로 나가는 것조차 조심스러웠던 그때 친구와 단둘이 조용한 휴일을 보내기 위해 경기도 한 캠핑장을 찾았습니다. 여름의 끝이라 방문객도 거의 없어서 넓은 언덕을 거의 장악해 여유롭게 텐트를 치고 꾸밀 수 있어서 참 좋았습니다. 알전구부터 원목 테이블, 나무 그릇 등 감성 캠핑을 위한 장비를 세심하게 준비해 온 친구에게 칭찬을 늘어놓자 친구는 "아직 캠린이라 잘 몰라서 테이블을 잘못 샀다"라며 "사진만 보고 예뻐서 샀더니 너무 무거워서 낭패를 봤다"라고 했습니다. 캠린이? 캠린이는 온라인 캠핑 카페에서 캠핑 초보를 일컫는 말이라고 하더군요.

어딘가 어감이 어색하기 짝이 없지만, 일부에서 쓰다가 말겠지 하고 생각했던 각종 ○린이는 트렌디한 신조어로 둔갑해 여전히 쓰이고 있습니다. 어린이는 모든 것에 익숙지 않아 당연히 서툴 수밖에 없는 존재임에도 뭔가 새로운 것에 서툰 자신을 귀여움으로 포장하고, 눈치를 봐야 하는 초보를 ○린이라고 자기 '모에화'하는 어른들이 넘쳐납니다. ○린이는 혐오와 차별의 맥락을 지닌 언어임을 여러 전문가가 지적했음에도 (어린이들은 골프를 즐길 일도 드문데) 골린이, (술을 마시지도 않는데) 술린이, (주식을 할 일도 없는데) 주린이, (요리에 서툴다고) 요린이, (테니스 초보) 테린이까지 놀라운 응용력으로 증식하고 있습니다.

이미 2021년 세이브더칠드런은 '아동에 대한 차별의 언어 바꿔야 한다'라는 논평을 통해 "'○린이'는 초보를 뜻하는 신조어로 사용되고 있으나, 이는 어린이를 미숙하고 불완전한 존재로 보는 차별의 언어다"라며 "아동을 대상화하는 언어이며 그것의 사용은 사회적 약자인 아동의 언어를 빼앗는 차별행위다"라고 규정했습니다. 2022년 국가인권위원회 역시 이를 '아동 비하 표현'이라고 규정하며 방송이나 인터넷을 통해 무분별하게 확대·재생산됨으로써 아동에 대한 왜곡된 인식과 평가가 사회 저변에 뿌리내릴 수 있고, 이로 인해 아동들이 자신을 무시하고 비하하는 유해한 환경 속에서 성장하게 될 우려가 있다고 봤습니다.

기사 제목으로 뽑기 좋도록 짧으면서 트렌디한 용어를 취하기 위해 온라인 신조어를 끊임없이 리서치하고 또 보도자료에 활용해 작성해야 하는 고충은 충분히 이해합니다. 하지만 골린이 대신 골프 초보, 골프 입문자 등 대체할 수 있는 단어는 얼마든지 있습니다. 무엇보다 홍보 담당자 및 해당 브랜드의 인권 감수성을 깎아먹으면서까지 써야 할 정도로 매력적인 단어도 아닙니다.

시대에 따라 언어도 변합니다. 한때 아무렇지 않게 썼던 표현이 지금 시각에서 보면 낯 뜨거워지는 경우가 있습니다. 몰래카메라(불법 촬영), ○○녀, ○○남, 불법체류자(미등록외국인) 등과 같은 단어가 그렇습니다.

남편을 여읜 아내라는 의미로 쓰이던 '미망인'은 '아직 죽지 않은 사람', 즉 남편을 따라 죽지 않은 과부를 가리키는 뜻을 담고 있어 이제는 삼가는 용어가 됐습니다. 이 경우 '고인의 배우자'로 쓸 수 있습니다.

스포츠 분야에서 흔히 쓰던 효녀 종목이나 데뷔작을 일컫는 처녀작, 여성 배우자를 이르는 안사람이나 집사람 등의 표현 역시 잘못된 고정관념을 강화하는 의미를 담고 있어 점점 설 자리를 잃어가고 있습니다.

유모차가 아닌 유아차라고 쓰거나, 살색이 아닌 살구색이라고 쓰인 보도자료를 받아 본다면 어쩐지 자료에 대한 신뢰감이 상승하며 기분 또한 상쾌해질 것 같습니다.

5

하고 싶은 말이 너무너무 많지요?
그래도 간결함이 미덕!

"○○○이 그린 이 작품은 다양한 인물의 결핍 혹은 잉여 상태의 존재를 바탕으로 보는 이들에게 다가가는데, 이는 물 위에 떠도는 동질의 존재이자 멀리 내다보지 못하는 시간의 연민을 주고받는 것으로, 무의식마저 언어화된 인간에게 예술 역시 다른 형태의 언어적 기호가 되며 이러한 기호 즉 예술은 동시대를 살아가는 인간들이 느낄 수 있는 시대성을 지니고 있어 새로운 의미가 된다."

천천히 문장을 따라 읽다 숨이 가빠졌습니다. 열린 마음으로 다시 한 번 자료를 해석해보려고 하지만 '감성'에 취한 문구를 읽다 보니 누구를 위한 자료인가 하는 의문이 절로 듭니다. 글로도 이렇게 어려운 작품을 대중은 어떻게 이해할 수 있을까요.

보도자료는 '마침표 찾기' 미션지가 아닙니다. 어려운 말일수록 간결해야 합니다. 그래야 실수와 비문을 줄이고 원하는 바를 명확하게 전달할 수 있습니다.

'양'으로 승부를 보겠다는 욕심도 버리세요. 한 갤러리가 보낸 이메일에는 무려 6종의 PDF 자료가 첨부돼 있었습니다. 짧게는 5장, 길게는 24장에 달하는 자료에는 전시에 대한 개괄적인 소개, 전시에 참여하는 작가 설명과 그들의 전작, 해당 전시에서 선보일 작품에 관한 장문의 해석이 적혀 있었습니다. 여기서 끝이 아닙니다. 해당 미술관의 역사와 그간 진행했던 크고 작은 전시들도 소개돼 있었습니다. 여느 도록보다 두꺼운 보도자료였죠. 보낸 이의 노력을 높이 사 최대한 집중해보려 했지만, 알다가도 모를 설명으로 가득했던 자료는 끝내 '용량 부족' 알림과 함께 삭제됐습니다.

작가나 작품에 대한 친절한 해석을 마다할 기자는 없습니다. 다만 일반인에게 예술/기술 분야는 가까우면서도 먼 존재입니다. 전문가가 아니라면 온전하게 이해하기도 어렵습니다. 그런 상황에서 무엇에 힘을 주고 무엇에 힘을 빼야 할지 판단되지 않는 방대한 자료는 독이 되기도 합니다.

'수다스러운' 보도자료는 장르를 가리지 않습니다. 특정 국가를 홍보하는 한 대행사에서는 매번 장문의 메일을 보냅니다. 해당 국가의 여행 코스를 소개하거나 각각의 지역별 테마를 중심으로 자료를 정리해 '골라 쓸 수 있는' 자유를 줍니다. 언뜻 보기에는 좋은 사례처럼 보일 수도 있습니다.

그러나 보도자료는 소개 책자가 아닙니다. 지면은 한정적이고 시간은 제한적입니다. 발길 닿는 곳이 모두 천혜의 자연인 해당 나라의 매력이 차고 넘치는 것은 잘 알겠습니다. 팬데믹 이후 여행에 대한 갈증이 깊어지면서 떠나지 못하는 이들에게 대리 만족을 주고, 추후 방문 리스트에 이름을 올리게 하고 싶은 그 마음도 충분히 이해합니다.

하지만 때로는 선택과 집중을 통해 또 시기를 고려해 그때그때 적절한 자료로 어필하는 게 더욱더 효과적이라는 사실을 잊지 마세요. 과유불급이란 말은 보도자료에도 해당합니다.

영화보다 더 영화 같은
'드라마 퀸형' 보도자료는 사양합니다

고혹적인 비주얼의 미남이 많다고 널리 알려진 '전설의 고구려대 연극영화과 18학번' 중 한 명인 초미남은 영화 <왕의 여자>에서 테리우스 역을 맡으며 금발 염색 투혼을 발휘해 압도적인 존재감을 뽐내며 강렬한 임팩트를 남겼다. 초미남의 눈부신 활약으로 평단과 관객들의 극찬을 받고 있는 <왕의 여자>는 폭발적인 입소문에 탄력을 받아 여름 시즌 다른 개봉작의 공세를 뚫고 당당히 기선 제압에 성공해 박스오피스 정상에 등극했다. 올해 가장 빛나는 발견으로 꼽히는 배우 초미남의 첫 주연 영화 <왕의 여자>는 극장가에 강력한 돌풍을 일으키고 있다. 휘몰아치는 입소문에 날개를 달고 식지 않은 흥행 열기를 이어가고 있는 <왕의 여자>는 금주 내 관객 50만을 돌파할 것이 확실시될 것으로 기대감이 고조되고 있다.

아, 가슴이 막 벅차오르지 않습니까.

가장 드라마틱한 보도자료를 꼽으라면 역시나 영화나 드라마 분야일 겁니다(작품에 대한 현학적이면서 오묘하고 심오한 분석을 담아내는 미술 관련 보도자료는 여기에서는 열외로 하겠습니다). 워낙 극적인 내용이 담겨 있고 때에 따라 스포일러(영화의 줄거리나 주요 장면을 미리 알려주어 영화의 재미를 크게 떨어뜨리는 사람, 핵심 내용을 미리 공개하는 영화평을 이르는 말)가 되는 내용은 피하고, 본 콘텐츠 공개 전에 노출할 수 있는 범위 내에서 홍보 자료를 만들어야 하다 보니 더욱더 격정적이며 드라마틱해질 수밖에 없겠지요.

게다가 비슷한 시기에 공개되는 여느 작품보다 경쟁 우위를 차지하려면 갖은 찬사로 '우리 아이'가 더욱 돋보이도록 꾸밀 수밖에 없는 홍보인들의 고충도 이해합니다. 개봉을 앞두고 짧은 시기에 바짝 홍보해야 하므로 하루에도 여러 건의 자료를 쏟아내야 하는 어려움도 잘 알고 있습니다. 매일같이 각기 다른 내용을 담은 뉴스레터 형식의 보도자료를 보내는 분들에게 경의를 표합니다.

다만 보도자료 전체에 최상급의 상찬과 극적인 표현이 과잉되다 보니 어쩐지 원래의 목적은 잊은 채 자기 흥에 겨운 치어리더의 공허한 응원을 보는 듯한 경우가 왕왕 있습니다. 모든 문장에 힘이 잔뜩 들어가고 비장해지다 보니 짧은 자료를 읽는 데도 기력이 쇠해지는 느낌이 듭니다.

이 분야 보도자료의 특징 중 하나는 한 문장이 1절만 하고 끝나는 법이 잘 없다는 겁니다. '예매율에서 상위권을 차지했다'로 끝나면 어쩐지 섭섭하죠. '예매율에서 상위권을 차지하며 본격적인 흥행 레이스에 많은 기대가 모이고 있다'라고 덧붙입니다. '주연 초미남이 대종상 영화상 남우주연상 후보에 올랐다'로 끝나면 배우가 못내 서운해할까요? '남우주연상 후보에 당당히 올라 수상 여부에 높은 관심이 쏠리고 있다'라고 좀 더 힘을 싣습니다.

어느 작품이 배우와 제작진의 팀워크가 완벽하지 않았겠으며, 배우들의 연기가 자랑할 만하지 않겠습니까. 거기다 뜨거운 입소문과 저력으로 흥행 가도를 달리지 않을 수 있을까요.

배우가 배역을 위해 머리카락 색을 바꿨다면 '염색 투혼'보다 '담백하게 염색했다'라는 정보만 알려주셔도 됩니다. 기자들은 그 정황을 파악하고 기사에 담아낼 수 있습니다. 배우의 존재감이 압도적이었는지, 작품에 잘 녹아들었는지도 직접 확인하고 쓰는 것이 기자나 평론가의 역할이겠지요.

드라마나 영화 관련 보도자료도 '드라이'해질 필요가 있습니다. 전일 대비 관객 수가 증가했을 경우 퍼센티지를 명시하면, 그에 따른 분석 및 해석은 기자의 몫입니다. '웃음을 지어내고 눈물샘을 자극하는' 영화라고 굳이 보도자료까지 드라마 퀸이 될 필요가 있을까요.

과도한 상찬이 도리어 보도자료의 '압도적 몰입감'을 방해하는 경우가 없기를 바랍니다.

51

7

내 자료는 소중하니까요?
내 자료만 소중하니까요!

네이버를 비롯한 포털사이트에서는 같은 내용의 콘텐츠를 상위에 노출하지 않습니다. 독자들에게 다양한 정보를 주고자 일명 '복붙의 보도자료' 티가 나는 기사는 배제하겠다는 의도를 내보인 셈이죠. 상황이 이렇다 보니 일부 홍보대행사에서는 자신들이 홍보하는 브랜드의 제품을 노출하기 위하여 '기획' 기사라는 이름으로 비슷한 분야의 제품들을 묶어 소개할 수 있게 '맞춤형' 자료를 보내 오기도 합니다.

기자로서는 하나의 브랜드를 집중적으로 노출하지 않아도 된다는 점에서 부담이 적고, 별도의 자료들을 추가해 변주할 수 있다는 점에서 마다할 이유가 없는 소스입니다. 또한 업계의 동향을 누구보다 빠르고 정확하게 알고 있는 홍보인의 오감을 활용한 이런 자료들은 기사를 접하는 독자들에게도 유용한 정보가 되곤 합니다.

한 중소기업은 메이저 브랜드의 가전들을 소개하며 자사 브랜드의 제품을 곁들였습니다. 자사의 인지도나 제품만으로는 단독 기사화 되기 힘들 거란 판단에서였을 겁니다.

이 기업은 해당 가전업계의 트렌드를 분석하고, 자사 제품이 그 트렌드에 얼마나 가깝게 서 있는지를 어필했습니다. 전문가의 코멘트를 넣고 장점을 부각하며 대기업의 제품 못지않은 존재감을 보였습니다. 만약 단순히 '숟가락을 얹는' 상황이었다면 득보다는 독이 되었을지도 모릅니다. 그러나 이토록 꼼꼼하게 준비한 정성을 외면할 기자는 그리 많지 않을 겁니다.

여기서 잠깐! '나의 브랜드'만을 부각하려는 '놀부 심보'로 기회를 박탈당하는 사례도 염두에 두어야 합니다. 자사 제품은 장황하게 적고, 타사 제품들은 두세 줄로 끝내버리는 얌체 행동이나 타사의 단점을 교묘하게 노출하고 자사의 제품을 부각하려는 행동은 도리어 독입니다. 선행은 더뎌도 소리 없이 퍼지지만 악행은 빠르게 천 리를 간다는 사실, 잊지 마세요.

안녕하세요~! 기자님

18일, ███████ 전 남친인 ███████████가 ███████████████████으로 ███████████████에서 추대했습니다.

성공한 스타트업 창업가를 강조하고 있는 ███████는 실제로 주식회사 █████를 운영하며 폐쇄적이고 보수적인 ██████ 혁신을 위해 최근까지 ██████ 비롯한 ████████ 등 수 많은 연예인 및 ████████ 콜라보하며 새로운 시도를 많이 하며 젊은 오너로서 이름을 알렸습니다.

　　끝으로 내가 소중한 만큼 다른 사람도 소중합니다. 유명인과의 인연을 악용하지 마세요. '혁신적인 활동과 파격적인 시도로 업계에 이름을 알린' 사람답게 자신을 소개하는 문구도 패기 넘치지 않나요. '모 연예인 A 씨의 전 남친이었던 B' 그는 알까요. 혁신적이고 파격적인 '지질남'으로 기억됐다는 사실을….

8

보도자료는
보고서가 아닙니다

보도자료의 사전적 정의는 "기사화하기 전에 기자에게 전달되는 자료로, PR 담당자가 기자에게 기삿거리를 제공하기 위하여 알기 쉽게 정리 요약한 형태의 작성한 글이나 영상"을 말합니다. 즉, 글을 받아 보는 대상은 기자이고, 글의 목적은 홍보를 위한 정보 전달입니다.

그러나 일부 홍보 담당자에게는 이 정의가 다른 의미로 해석되는 것 같습니다. 간혹 보도자료인지 보고서인지 헷갈리는 이메일을 받곤 합니다.

"코로나19 이후 한국의 매력을 알리는 팸투어가 활발해시고 있디. ○○○○는 ○○○○의 책임자 3명을 초청해 5박 6일간 국내 관광지 팸투어를 실시했다."

"사단법인 ○○○○은 2월 3일, 서울 ○○○○에서 주요 인사 300여 명이 참여한 가운데 '2023년도 신년 하례식'을 개최했다."

"절묘한 우연을 가장한 작위… 이것을 얻기 위한 기다림… 억지스럽거나 고루한 의미 부여…보다는 어느 뮤지션의 음악에 달려 있는 사진 한장이 좋다."

그 누구도 궁금해하지 않을 내용을 이메일로 보내는 심리는 무엇일까요. 이런 이메일에는 공통점이 있습니다. 현재 우리 조직이 이렇게 잘하고, 이렇게 많은 일을 하고 있다는 '셀프 칭찬'이 반드시 포함돼 있다는 것이죠. 그 마음은 충분히 이해합니다. 때에 따라서는 보도가 실적으로 이어지기도 하니까요. 그러나 말 그대로 '보도'되지 않는 '보도자료'는 제 역할을 다하지 못한다는 사실을 기억해야겠습니다.

더불어 '우리만의 언어'로 끝나는 보도자료도 지양해야 합니다. 간혹 '작가 노트'를 달랑 보내고, 이를 토대로 기사화해달라고 요청하는 갤러리 홍보 담당자들이 있습니다. 기자는 작가가 아닙니다. 다섯 줄 정도로 요약된 작가의 심경만으로는 기사를 작성하기는 어렵습니다. 특히 무명의 작가이거나 개인전이라면 기사화될 확률이 더욱 낮아집니다.

더 많은 사람이 전시를 보러 오길 바란다면, 그들이 공감할 수 있는 작품의 포인트를 잡고 이에 무게를 실어 홍보해야 합니다. 최소 전시의 기획 의도, 작품에 대한 설명, 작가가 전시 또는 작품을 주제로 하고 싶은 말 등을 넣어서 말이죠. 기억하세요. 보도자료는 보고자료가 아닙니다.

9

하이코미디는 여러분끼리만!
비유는 적절하게

시대가 변했습니다. 과거 웃음을 선사했던 유머가 지금 정서에는 맞지 않을 수도 있다는 말입니다. 외모를 빗대어 표현하는 말들은 특히 조심해야 합니다.

그날은 정년퇴직을 앞둔 한 홍보팀 임원이 기자들과 미팅을 진행한 날이었습니다. 그는 식사를 기다리며 "웃자고 하는 말"임을 강조하며 자기 부인의 외모를 언급했습니다.

"뚱뚱하고 못생겼지만, 그녀가 해주는 밥은 맛있다"라는 식의 발언이 이어졌습니다. 자리가 길어지며 수위는 점점 더 높아졌습니다. "여직원들은 치마를 입고 다녀야 한다", "술은 여성들이 따라줄 때 달다" 등의 말을 서슴지 않고 하는 모습을 보며 왜 이 브랜드의 보도자료에 '젠더 감수성'이 떨어지는 수식어가 등장하는지 짐작할 수 있었습니다.

참다못한 한 기자가 불쾌감을 표하자 그는 "조금 더 친근감 있게 다가

가고 싶은 노력이 부른 참사"였다고 해명했습니다. 시대를 읽지 못한 노력이라, 글쎄요.

일부 홍보인은 극소수 마니아만이 좋아할 만한 유머와 관심사로 보도자료를 작성하기도 합니다. 의류업계에 종사하는 한 홍보팀 직원은 자신이 즐겨 보는 외국 비주류 TV 프로그램을 예로 들며 "스타 아무개가 입었던 스타일"이라고 홍보했습니다. 검색조차 힘들었던 그 스타의 스타일을 이해하기 위해 고군분투했던 기자의 노력을 그는 알고 있을까요.

IT 기업 신입 홍보 직원은 오직 자사의 앱을 알리는 데 집중한 사람이었습니다. 전화 통화를 할 때도, 메일을 주고받을 때도 모든 대화의 끝은 그 회사의 앱과 서비스로 귀결됐습니다. 처음에는 넘치는 그 열정을 높게 샀습니다. 그러나 만날 때마다 기자에게 앱 이름을 인지시키기 위해 라임까지 맞춰 만든 랩을 구사하고, 억지스레 꿰맞춘 농담을 덧붙이고 나아가 함께 온 동료들과 자화자찬하는 모습을 보고 있으니 '앞으로도 저 대화에는 낄 수 없겠다'라는 느낌이 들었습니다.

자신의 정치적, 종교적 가치관을 반영한 자료를 배포하는 이들도 있습니다. 의도가 무엇이든 받아들이는 사람에게 불쾌감을 줄 수 있다면 이는 좋은 홍보가 아닙니다.

비유도 적재적소에 쓰여야 시너지를 극대화할 수 있습니다. 한 연예기획사에서는 소속 가수의 새 앨범을 홍보를 위해 찍은 화보를 공개하며 모 외국 가수의 이름을 거론했습니다. '가창력이 좋은 가수'임을 강조하고 싶었기 때문일 겁니다. 그러나 '여신 콘셉트'로 찍은 화보와 어울리지 않게 그 외국 가수는 평소 '거리의 부랑자'와 같은 이미지로 활동하는 가수였죠. 매칭이 되지 않는 이미지가 결국엔 독이 됐다는 후문입니다.

10

Ctrl+C, Ctrl+V의 귀재
'복붙' 모를 것 같나요?

'월급 루팡'이라는 말을 아시나요? 맡은 일을 제대로 안 하면서 꼬박꼬박 월급을 받아 가는 직원을 의미하는 단어입니다. 이메일을 확인하다 보면 때때로 '보도자료 루팡'을 발견하곤 합니다. 해당 제품이나 트렌드에 대한 보도자료를 전하며 인터넷에 올라온 글을 그대로 드래그해서 '복붙'한 다음, 마치 자신이 쓴 글처럼 둔갑시키고 '보내기' 클릭을 한 루팡 말입니다.

한번은 모 패션 브랜드 홍보 담당자가 보낸 '올해 유행 컬러' 보도자료를 기사화하기 위해 검색창에 새롭게 등장한 컬러의 이름을 적어봤습니다. 유행을 앞서간 분들의 깨알 같은 정보들이 블로그와 유튜브 등에 올라와 있었죠.

한 블로그의 콘텐츠를 클릭했습니다. 낯설지 않은 이 문구, 익숙한 문체. 바로 홍보 담당자가 보낸 보도자료 그대로였습니다. 토씨 하나 다르

60

지 않은 글을 보며, 혹시 그가 블로그도 함께 운영하는 것일까 생각했지만 블로그 운영자의 소개를 보며 명백히 다른 사람임을 확신했습니다.

블로그 운영자가 남긴 개인적인 의견까지 '복붙'한 사실을 확인하고서는 심장이 쿵쾅거렸습니다. 블로그의 글을 무단으로 사용하면 안 된다는 기본 상식을 모르는 홍보 담당자의 글을 신뢰할 사람은 없을 겁니다. 이후로도 그의 보도자료는 '한 치의 망설임도 없이 거르는' 중입니다.

쉽게 정보를 얻고 나아가 그 정보를 쉽게 공유할 수 있는 세상입니다. 간혹 출처가 없는, 비전문가들의 '○○백과'를 거침없이 옮겨 보도자료로 보내는 분들이 있습니다.

홍보는 단기간에 성과를 내기 힘든 업무입니다. 기자를 만나거나 행사를 진행하는 것이 모두 즉각적인 결과로 이어지지 않기 때문이죠. 장기간 성과를 내기 위해서는 자신이 홍보하는 제품이나 브랜드에 관한 공부가 필요합니다. 나아가 경쟁사나 업계의 동향을 파악하고 있다면 금상첨화겠죠. 반대로 노력하는 홍보 담당자들도 많습니다. 새벽 출근과 밤샘 야근을 하면서도 각 신문사의 기사를 스크랩하며 정보를 업데이트하고 자신만의 경쟁력을 키우는 이들 말입니다.

11

아이템 잡기 힘들면
그냥 물어보세요

보도자료 쓰기가 매우 힘들다는 것을 압니다. 대중의 흥미를 얻기 전에 기자들의 흥미를 얻어야 기사화가 될 기회를 얻는 것이니까요. 내가 홍보하는 제품이 얼마나 대단한 것인지 온갖 미사여구를 총동원한 보도자료는 죄송하지만 일단 휴지통으로 갑니다. 그런 보도자료를 기사화했다면 댓글에는 "기자야 돈 먹었냐?", "이거 광고냐?"라는 비난이 쇄도할 테니까요. 무언가를 홍보해야 한다면 광고뿐 아니라 정보를 담아야 합니다. 정보(혹은 읽을거리, 볼거리) 80%와 제품 홍보 20% 비중을 두고 보도자료를 작성하면 누구나 재밌게 읽으며 제품에 대한 호감도를 상승시킬 수 있는 100점짜리 자료가 될 수 있습니다.

시의성을 보고 제품과 연결 지어 정보 기사를 쓰는 것도 좋습니다. 예를 들어 겨울에 보습 제품을 홍보하고 싶다면 피부 보습을 위한 꿀팁과 함께 제품 정보를 슬쩍 끼워 넣는 것이죠. 안마기나 건강 제품을 홍보한다면 선물이 오가는 명절이나 기념일에 "부모님이 '이 비싼 걸…' 타박하면서도 좋아하실 만한 선물 BEST 5" 이런 식으로 자료를 만들어내는 거죠. 도무지 아이디어가 떠오르지 않는다면 도움을 청할 수 있는 기자에게 전화를 걸어 직접 물어보는 것도 추천합니다. 기자들이 가장 주목하는 것이 최신 화제와 트렌드입니다. 이런 정보를 나누다 보면 꽤 괜찮은 아이디어가 나올 수 있습니다.

어느 날 보도자료가 하나 왔습니다. 프랑스 빵 제품을 론칭한다는 평범한 내용이었습니다. 아니 평범하다기보다는 프랑스 보도자료를 그대로 번역한 글로, 기사화하기에는 형식에 맞지 않는 자료였죠. 당연히 그어떤 기자도 기사로 쓰지 못했습니다. 바로 휴지통행 자료였지요. 그런데 '빵 기사'는 무조건 읽히는 기사거든요. 게다가 첨부한 프랑스 빵 사진이 너무나 먹음직스럽게 보였습니다.

좀 안쓰럽기도 하고 좀 더 재밌는 자료를 갖고 있을 것 같아 보도자료에 적혀 있는 담당자에게 전화를 걸었습니다. 이런저런 이야기를 하다가 '프랑스 제빵업계 올해 트렌드' 관련 자료가 있느냐고 물었더니 있다고 하더군요. 그 자료를 토대로 기사를 작성하면서 론칭 소식을 알리면 좋겠다고 했습니다. 그렇게 기사화가 되었고, 독자들에게 꽤 많이 읽힌 기사가 되었습니다.

홍보 담당자들은 기자와의 만남을 그저 눈도장 찍는 자리로 여겨서는 안 됩니다. 그 안에서 서로 다양한 아이디어를 떠올리고 나눌 수 있는 브레인스토밍의 기회이기도 하고, 업계 소식을 주고받는 정보 교환의 자리이기도 합니다. 물론 홍보 이야기를 꺼내면 기자가 부담스러워할 수 있다고 생각해 일부러 자제하는 분들도 계시는 것 같습니다. 하지만 기자도 홍보 담당자를 만난다는 것은 그들의 이야기를 일단 들어주겠다는 마음으로 나오는 자리이니만큼 괜찮습니다. 자연스럽게 세상 돌아가는 이야기를 하면서 요즘 대중에게 어떤 제품이 각광받는지 의견을 나누다 보면 참신한 기사 아이템이 탄생하기도 합니다.

그러니 잘 모르겠다 싶으면 담당 기자에게 어떤 자료가 필요하며 준비하고 있는 기사가 무엇인지 물어보고 틈새를 공략하는 적극성도 필요합니다. 단, 기자와 머리를 맞대고 나온 아이템이 너무 좋다는 생각에 모든 기자에게 뿌리는 공개 보도자료 내용으로 활용하면 안 됩니다. 그렇게 되면 기자는 내 아이디어를 빼앗겼다는 배신감을 지울 수 없을 겁니다. 기획 기사를 쓰는 기자들에게 아이템은 곧 경쟁력이니까요. 개인적인 대화로 만들어진 아이템이라면 그것은 한 매체, 기자 한 명을 위한 일대일 맞춤형 보도자료인 점 아시죠?

3장

잘 썼는데 사진 때문에

휴지통으로

플래카드 앞에서 악수하는 사진,
어디에 쓰시려고

"○○○○와 ○○○○○○○가 산업 활성화와 건전한 디지털 생태계
구축을 위한 MOU(업무협약)를 체결했다."

"동물단체 ○○○○○가 크라우드 펀딩 플랫폼 ○○○에 '○○○○○'
펀딩을 오픈했다고 밝혔다."

위의 두 기사는 모두 각 기관에서 진행한 행사 또는 업무협약을 알리
기 위해 작성된 보도자료입니다.

전자의 기관에서는 두 대표가 플래카드 앞에서 악수하는 사진을, 후
자의 기관에서는 펀딩과 관련한 동물 이미지 컷을 첨부해 보도자료를
작성했습니다. 해당 사진들이 섬네일로 등록됐다면 어떤 기사가 더 많

은 독자의 선택을 받을까요? 비단 두 기관의 자료뿐이 아닙니다. 보도자료를 읽다 보면 행사와 텍스트에 집중한 나머지 사진의 중요성을 간과하는 경우가 생각보다 많습니다.

[그림 3] 악수 컷은 전형적인 보도사진, 독자의 선택(클릭)은 NO!

사진 역시 기사의 일부입니다. 한 신문사의 사진기자는 "사진은 글로는 모두 전해지지 않는 정보를 전달하고 현장의 분위기 통해 '시각'을 자극한다"라고 설명합니다. 일명 '악수 컷'과 '플래카드' 사진이 기관에 따라서는 중요한 기록 자료라는 점도 알고 있습니다. 하지만 독자들은 사진에 등장한 이들의 직함도, 얼굴도 궁금해하지 않습니다. 뉴스와 기사 자료를 수집하고 배포하는 뉴스 통신사가 아니라면 이런 사진은 기사에 사용되지 않을 가능성이 큽니다.

만약 행사, 성과 홍보가 목적이라면 조금 더 영민하게 접근할 필요가 있습니다. 아직 진행되지 않은 행사라거나 출시를 앞두고 있어 사진 공개가 불가하다면 연관 이미지를 통해 자연스럽게 기관, 브랜드의 이미지를 연상시킬 수 있도록 어필하면 어떨까요.

보기 좋은 사진이 기억에도 오래 남습니다. 사진도 '재밌어야!' 읽습니다.

2

파일로 보낼 땐
텍스트와 사진을 분리하세요

홍보인 치밀한 씨는 자칭 완벽주의자입니다. 맞춤법 확인은 기본이고, 혹여 비문은 없는지 오해나 문제의 소지가 될 만한 표현은 없는지 꼼꼼하게 확인한 다음 이메일을 보냅니다. 오랫동안 준비한 브랜드의 제품이 좋은 이미지로 소개되기를 바라는 마음으로 몇 번이고 고쳤을 그의 노력과 책임감은 업계에서 '모범 사례'로 남아 있습니다.

그런 그가 사회 초년생 시절 행한 단 하나의 실수가 있습니다. 자료를 읽을 상대를 향한 지나친 배려와 자신의 의도대로 사진 이미지가 자리하기를 바라는 마음이 앞서 발생한 실수였죠.

▲ 텍스트 인용 시 번거로움이 있는 '미리보기형' 보도자료

그가 보낸 보도자료는 이러했습니다. 텍스트 두 줄에 사진 한 장, 텍스트 세 줄에 또 사진 한 장. 마치 '온라인 기사 미리보기'를 하듯 작성한 보도자료였죠. 그러나 이 자료는 기사를 작성하는 기자에게는 손이 많이 가는 자료였습니다. 텍스트를 인용할 때마다 마우스의 커서를 옮겨 복사하기를 해야 하는 번거로움이 있기 때문이었죠.

모든 메일이 그렇지만 특히 보도자료는 보내는 사람이 아닌 받는 사람을 기준으로 이메일을 작성해야 합니다. 파일을 보낼 때에는 간단한 인

71

사와 어떤 내용의 보도자료인지에 대한 정리를 이메일 본문에 담고, 별도로 텍스트와 사진 파일을 각각 분리해 첨부하기로 보내기를 추천합니다.

첨부파일과 별도로 보도자료의 텍스트 전문을 본문에 적어두는 방법도 좋은 사례입니다. 일일이 파일을 내려받지 않아도 어떤 내용의 파일이 담겨 있는지 예측할 수 있어서 시간을 단축하는 데 유용하기 때문입니다.

시간이 지나면 사라지는 대용량 파일로 첨부했다면, 요약 텍스트를 함께 정리해보길 바랍니다. 시의성에 민감한 자료가 아니라면 추후 어떤 식으로 그 자료가 활용될지 아무도 모르니까요.

웹하드 주소도 좋지만
최소한 사진 한 장은 넣어주세요

'작은 차이가 큰 변화를 만든다'라는 말이 있습니다. 이는 홍보를 할 때에도 적용됩니다.

인쇄를 전제로 하는 신문이나 잡지의 경우 고화질의 이미지 파일을 사용하는 경우가 많습니다. 보통 이런 경우 이메일 용량에 제한이 있다 보니 이메일로 자사의 웹하드나 구글 등의 사이트를 활용해 이미지를 내려받도록 안내하죠.

그러나 최근에는 지면 기사와 별도로 온라인 기사를 작성하는 기자들이 많습니다. 온라인 기사는 지면과 다릅니다. 고화질의 사진이 용량 문제로 업로드되지 않는 상황도 발생하죠.

온라인 기사가 목적이라면 사진 용량은 대략 1MB를 넘지 않도록 하고 PNG, JPG, JPEG 등 보통의 온라인 툴에서 사용할 수 있는 확장자를 선택해야 합니다. MAC OS로 작성한다면 파일이 깨지는 경우가 있으니 한 번 더 체크를 해야 합니다. 동영상은 원본과 링크 등 기자와 협의해 전달하는 것이 좋습니다.

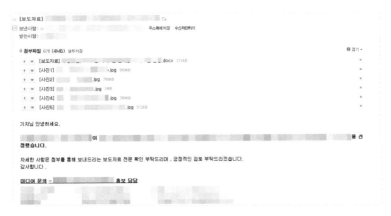

▲ 파일명에 숫자와 내용을 간단하게 적은 첨부파일의 좋은 예

온라인 기사는 콘텐츠가 길어질수록 가독성이 떨어지는 만큼 여러 장의 사진보다 한 장의 사진으로 강렬함을 남기는 경우가 많습니다. 온라인 기사에 들어갈 한 장의 사진을 위해 별도 사이트에 접속해 파일을 내려받는 과정은 때때로 번거롭고 귀찮은 작업입니다. 자료를 대표할 수 있는 이미지나 스크린숏 1~3장을 첨부한다면 금상첨화입니다.

4

예쁘다고 쓰고, 적절하다고 쓰고…
저작권 확인하셨죠?

제목만큼이나 '섬네일(Thumbnail)'이 중요한 시대입니다. 영어로 '엄지손톱'을 가리키는 '섬네일'은 한 콘텐츠의 대표 이미지를 의미합니다. 텍스트는 '두뇌 회로'를 거치는 시간이 필요하다면, 섬네일은 보는 즉시 직관적 사고로 클릭하게 하는 힘이 있습니다.

동시에 섬네일은 브랜드 성공 여부가 결정되는 키워드가 되기도 합니다. 매출과 직결되기 때문이죠. 기업은 전문 사진작가를 고용해 사진을 촬영합니다. 또는 응당한 금액을 지불하고 사진을 구매해 쓰지요. 일명 '사진발' 효과를 얻기 위함도 있지만, 근본적으로는 사진의 저작권 이슈를 피하기 위함입니다.

홍보대행사 1년 차 직원 아무개 씨는 자신이 홍보하는 한 기관의 행사 자료를 보내면서 행사에 참석하는 인물 사진 한 장을 별도로 첨부했습니다.

문제는 그가 보낸 사진이 저작권이 있는 사진이었고, 동시에 불법 다운로드한 이미지였다는 점이었죠. 기관에서 갖고 있었을 리 만무한 연예인의 사진과 출처가 불명확한 사진에 의문을 품은 기자에게 그는 당당하게 "ㅎ신문사의 기사에서 다운로드했다"라고 말했습니다. 통상 신문사에서 발행하는 이미지 중 자사의 사진기자가 촬영한 것에는 불법 복제를 막기 위해 로고 등의 '워터마크'를 표기합니다. 이런 경우를 대비하기 위함이죠.

　잘하고 싶은 욕망과 무지에서 그는 그 워터마크를 과감하게 편집하는 '꼼수'까지 부렸습니다. 어디부터 설명해야 할지 참 막연했습니다. 모든 뉴스 기사 아래에는 "무단 전재 및 재배포 금지"라는 문구가 적혀 있다고 안내했습니다. 그러나 그는 '무엇이 문제인지' 파악하는 데 꽤 오랜 시간이 걸렸습니다.

　좋은 사진을 쓰고 싶은데, 저작권의 구애를 받고 싶지 않다면 픽사베이, 언스플래시 등 무료 이미지 사이트를 참고하면 됩니다. 비단 사진뿐이 아닙니다. 포토샵으로 작업한 이미지 속에 포함된 '글꼴' 등도 저작권을 갖고 있습니다. 두 번 세 번 꼭 확인하세요. 유의하지 않으면 '벌금'으로 끝나지 않을 수도 있답니다.

홍보의 미학은

'태도'

1

두 번 이상의 기사 요청,
'호구'라는 뜻입니다

한 호텔 홍보 담당자를 만났습니다. 저와 동갑이고 관심사도 비슷하고 성격도 좋아 비즈니스 만남치고는 꽤 좋은 시간을 보냈습니다. 그런데 그 만남 이후부터 저는 매일 아침 그의 카톡에 시달리기 시작했습니다. 그즈음 제 아침 기상 알람은 그의 카톡 알림음이었습니다.

"기자님, 오늘 제가 ○○ 관련 자료를 보냈습니다. 한번 봐주시기를 바랍니다." 한두 번은 "알겠습니다" 하고, 내용이 괜찮을 때면 기사를 쓰기도 했습니다. 그는 우리 둘 사이에 엄청난 라포(상호신뢰)가 형성됐다고 생각했던 걸까요? 자료를 보내는 족족 아침 카톡을 보냈죠. 불행히도 매일 보도자료가 쏟아지는 부지런하기도 한 회사였습니다. 개인 카톡이라 '읽씹(읽고 무시)'하기도 애매한 상황이었습니다.

다섯 번 정도 "네"로 일관하다 보면 '내가 호구인가?'라는 생각에 이르게 됩니다. 어쩔 수가 없습니다. 단순한 기자와 홍보 담당자 사이가 아니라 해도, 매일 아침 보도자료를 보내놓고 '기사를 써달라'라는 내용을 보내는 게 정상적인 일은 아닌 듯싶습니다. 게다가 제가 소화할 수 없는 '회사 대표 신년사'라든지 '회사 인사이동' 같은 자료까지 봐달라는 연락은 참으로 난감하지요. 물론 기자의 스마트폰은 아침부터 정신없이 바쁩니다. 이곳저곳에서 '보도자료를 보냈으니 확인해달라'는 단체 문자 형식의 메시지를 넘치게 받고 있으니까요. 그러나 이것들은 그저 '문자'일 뿐입니다.

다소 개인적인 영역으로 간주되는 카톡은 좀 다르지 않을까요? 말 그대로 읽고 답장하지 않으면 상대방과 오해가 생길 것 같은 민감함을 갖춘 소통 앱이니까요. 물론 기분 좋은 만남 뒤에 유익한 보도자료를 주신다면 기사화하지 않을 이유가 없습니다. 그러나 친하다고 생각해서 매일 아침 기사를 쓰라는 듯이 개인 카톡을 보내는 것은 상식적으로 생각해도 비호감 적립입니다. 실제로 그 이후부터 해당 홍보 담당자의 연락을 슬슬 피했고, 이상함을 감지한 그는 '한번 만나자'라고 연락했지만 만나겠습니까? 절대 만나지 않지요. 굳이 만나서 스트레스를 받을 필요가 없으니까요.

뭔가 말로 표현할 수 없는, 미묘하지만 적당한 선을 지키는 것이 바로 사회생활 아니겠습니까? 기사 작성 요청은 제 개인적인 기준으로 딱 두 번이 한계입니다. 안 그래도 요즘 기자들 업무량이 많아 때로는 '내가 기사 쓰는 로봇인가'라고 자기 비하적인 생각이 들 때가 종종 있는데, 때마침 홍보 담당자와 맡겨놓은 듯한 기사 닦달 개인 카톡을 계속 받는다고 생각해보세요. 전혀 그런 의도가 아니더라도 꼬여 있는 상태에서는 그저 나를 향한 '기사를 쓰라'라는 명령어로 인식될 수밖에 없습니다. '얻다 대고 명령이야'라는 생각, 기자들에게 데스크 못지않은 스트레스를 줄 수 있다는 점, 꼭 유념해주세요.

2

저 지금 1층인데,
기자님 시간 있으세요?

최근 한 기업에 재직 중인 홍보팀 차장과 사회 초년생 시절 실수담을 주제로 이야기를 나눈 적이 있습니다. 지나간 추억에 웃으면서 대화했지만, 돌이켜 보면 아찔했던 그의 이야기를 전해볼까 합니다.

그는 지금은 사라진 홍보대행사의 인턴으로 사회에 첫발을 내디뎠습니다. 자신을 이끌어줘야 할 선배가 갑작스럽게 퇴사하고 인수인계조차 제대로 되지 않은 상황이었죠. 보도자료까지는 눈치껏 썼지만 이를 어떻게 전달해야 할지 아무도 알려주지 않았습니다.

무엇을 어떻게 해야 할지 모르는 막막함과 무엇이라도 해야 할 것 같은 분위기가 그를 엄습했습니다. 결국 그는 무턱대고 한 신문사를 찾아갔습니다. 1층 안내데스크에서 산업부의 아무개 부장을 만나러 왔다고 당돌하게 말했습니다. 잠시 후에 그는 조용히 건물 밖으로 쫓겨났지요.

막무가내로 찾아와 만남을 요구하는 분들이 간혹 있습니다. 온라인

| 4장 | 홍보의 미학은 '태도'

연예 매체에 근무하는 한 후배 기자는 내부 관계자인 양 자연스럽게 사무실에 들어와 자신의 소속 배우를 홍보하는 엔터테인먼트사 홍보팀 직원과 마주한 적도 있다고 털어놨습니다.

물론 처음부터 완벽한 사람은 없습니다. 저 역시 신입 시절 저지른 얼굴 빨개지는 '이불킥(자려고 누웠을 때, 부끄럽거나 창피스러운 일이 불현듯 생각나 이불을 걷어차는 일)'할 만한 실수가 자다가도 나열할 수 있을 만큼 많이 있답니다. 신입 홍보 담당자들에게 기자와의 미팅은 에베레스트보다 높은 산일지도 모릅니다. 어떤 말로 관계를 시작해야 할지, 어떤 식으로 접근해야 할지 하나부터 열까지 의문투성이이고 난감함이 앞설 겁니다.

갑작스럽게 사내에 홍보팀이 만들어지며 부서 이동으로 홍보 업무를 맡게 된 ○○○ 씨는 처음 기자와 만난 자리에서 '보도자료 수신인 리스트'가 별도로 존재하는지 묻기도 했습니다.

포털사이트 뉴스 해당 섹션에 기사를 올리는 주요 신문사의 기자에게 일일이 메일을 보내 연락처를 남기고 보도자료를 전달했지만, 회신을 준 사람이 단 한 명도 없어 '마상(마음의 상처)'을 입었다는 말과 함께요.

접근 방식에 정답은 없습니다. 그러나 분명한 것은 발로 뛰는 만큼 인맥이라는 자산이 축적된다는 사실입니다.

3

약속 펑크는 최악,
영원히 만날 수 없을지도

사실 기자도 사람인지라 낯선 홍보 담당자와 만나는 것이 그리 내키지는 않습니다. 홍보 담당자는 기자를 만나는 게 업무 중 하나지만, 기자는 직접적으로 기사에 도움이 되는 일이 아닌 이상 '홍보 담당자와의 커피타임'을 주요 업무라고 데스크에 보고하기가 껄끄러우니까요.

사실 개인적인 규칙이 있다면 몰라도, 만날 이유가 명확하지 않은데 "일정 좀 달라"라고 요청하는 홍보 담당자에게는 한두 번 정도 "예, 예"라고 응수는 하지만 일정을 잡지 않고 그냥 넘깁니다. 사람과 사람이 대면하다 보면 '어쩔 수 없이' 라포가 형성되어 원치 않는 기사를 써야 하는 경우가 생기거든요. 그런데 세 번째 "꼭 만나자"라는 분들은 거절하기가 쉽지 않습니다. '예의상'을 넘어 그분이 기자를 꼭 만나야 하는 특별한 이유가 있어 보이기 때문입니다.

단순히 "얼굴 한번 봅시다" 혹은 "밥 한번 먹읍시다"라는 상투적인 말만으로는 곤란합니다. 만나는 목적을 명료하게 이야기해주면 도움이 됩니다. "우리 회사에서 이런 제품이 나왔는데 ○○ 기획 기사에 도움이 될 것 같습니다"라는 구체적인 목적이 있다면 더 쉽게 만남이 성사될 수 있습니다.

그런데 간혹 힘들게 날짜를 빼서 약속을 잡았는데 하루 전날 "급한 회의가 잡혀서요", "사정이 생겨서요" 하면서 약속을 어기는 홍보 담당자들이 있습니다. 그렇게 되면 기자는 의문이 생깁니다. '그간 끈질기게 약속을 잡으려 했지만 그렇게 간절한 것은 아니었구나. 내가 오해했네'라고 말이죠. 전날 약속을 어기는 홍보 담당자와는 다시는 약속을 잡지 않습니다. 절실하게 만날 이유가 없는데 약속을 정한 셈이 되니까요.

기자들의 업무 부서에 따라 조금씩 다르지만, 기본적으로 점심때 약속이 많습니다. 산업부 유통 담당처럼 바쁜 기자는 두세 달 치 약속이 이미 정해져 있기도 하지요. 해당 날짜에 약속을 미뤘다면 다음 약속 날짜는 언제 잡을 수 있을지 기약이 없습니다. 그러니 약속을 잡았다면 최대한 지키는 것이 매우 중요합니다.

'기자가 뭐라고?' 하는 생각을 할 수 있습니다. 그러나 시간관념과 약속은 홍보 업무 담당자만의 기본이 아니라 모든 업무에서 기본 아닐까요? 기자 역시 인터뷰나 약속 일정에 지각한다면 기본에서 벗어난 것이고, 이는 비난받아 마땅한 일이죠. 지각해놓고 상대방에게 좋은 내용의 인터뷰 멘트가 나오기를 기대할 수는 없습니다.

더구나 업무적으로 부탁을 해야 하는 상황에서는 시간을 지키는 일이 더욱 중요합니다. 첫 만남에서 약속을 어기거나 지각한다면 홍보 담당자는 물론, 그가 홍보하는 아이템의 신뢰도나 호감도가 떨어진 채로 만남을 시작하는 것입니다. 이 경우 너무나 불리한 출발이 아닐까요?

"제가 밀접접촉자가 되는 바람에⋯." 사실 코로나 시대에는 당신도 알고 나도 아는 좋은 핑곗거리가 있었잖아요. 이제 팬데믹도 끝났습니다. 다시 명료한 신용 사회가 됐습니다.

불리한 진술이어도
말을 바꾸면 안 돼요

홍보 담당자와 기자의 미팅은 흔한 일입니다. 흔한 만큼 오가는 말도 많지요. 늘 브랜드에 관한 이야기만을 주고받을 수는 없습니다.

다양한 스펙트럼의 주제가 오가고 때로는 <알쓸신잡> 못지않은 정보가 공유되기도 합니다. 자연히 말실수가 있을 수 있습니다. 그래서 의도 했든, 의도하지 않았든 툭 내뱉은 말이 화근이 되는 경우도 많죠.

몇 년 전 일입니다. 모 기업의 홍보팀 관계자 ㄱ 씨와 만난 자리에서 기업 총수 일가에 관한 이야기가 나왔습니다. 당시 업계의 관심을 받고 있던 그 기업을 이끌 후계자인 만큼 그의 한 마디 한 마디가 호기심을 자극하는 화젯거리였죠.

다음 날 그의 워딩을 바탕으로 이를 기사화하기 위해 추가 취재를 시작했습니다. 그의 신변을 보호하기 위해(?) "업계 관계자에 따르면"이라는 문구로 희석해서 말이죠.

아뿔싸! 그런데 그가 흘린 정보들이 '극비' 사항이었던 것입니다. 모기자가 취재 중이라는 소문은 돌고 돌아 기업 홍보팀에도 들어갔습니다. 얼마 시간이 지나고 그는 "자신은 그런 말을 한 적이 없다"라고 발뺌했습니다. "도대체 어디서 그런 정보를 얻어 기사를 썼느냐"라고 화를 내며 반문하기도 했죠.

또 다른 사례도 있습니다. 한 호텔의 경력직 직원이었던 ㄴ 씨는 이직 후 자신이 근무하는 호텔 관련 교육이 제대로 이뤄지지 않은 상황에서 현장에 투입됐습니다.

호텔의 경우 휴가철이나 특별한 시즌을 앞두고 다양한 행사를 진행하는데, 기본적인 정보를 인지하지 못하고 미팅에 참석한 그는 기자의 질문에 동문서답을 하고 말았습니다.

추후 확인한 전화 통화에서도 그는 잘못된 정보를 정정하지 않았고, 그의 말을 토대로 작성된 기사는 결국 오보가 됐습니다. 그 직원은 자기 잘못을 인정하지 않았습니다. 오히려 자신이 난처해질 것을 두려워한 나머지 돌변했죠. 자신에게 대체 왜 그러냐며 목청을 높이고 소리를 질렀습니다. 일하다 보면 많은 일이 발생할 수 있습니다. 그러나 잘 모르겠으면 확인해보고 연락하는 게 홍보의 정석입니다.

두 사람의 결과는 어떻게 되었냐고요? 훗날 업계를 떠난 ㄱ 씨는 양심 고백으로 사과 인사를 건넸습니다. "해당 기업 홍보팀 내부에서 그런 말을 한 적이 없다고 하라고 지시했다"라고 말이죠. 법적 책임을 묻겠다는 무서운 말 앞에서 그는 거짓말을 할 수밖에 없었다고도 말했습니다.

그럼 ㄴ 씨는 어떻게 됐을까요? 대다수 기자는 민감한 내용을 반드시 '녹음'합니다. '빼도 박도 못하는' 증거 앞에서 그에게 남은 건 껄끄러워진 관계뿐이었습니다.

5

그 열정,
애프터서비스에도 써주오

모 홍보대행사 대표인 ㄱ 씨는 본인이 필요할 때만 연락을 하는 사람으로 유명합니다.

자신이 홍보하는 브랜드 이미지에 흠이 되는 '쓴소리' 기사가 보도된 뒤에는 'LTE' 급으로 회신이 옵니다. 공들여 기획성 아이디어를 정리했으니 노출해달라는 말을 '맡겨놓은 짐'을 찾듯 독촉하며 수시로 전화를 거는 건 애교입니다.

평소에도 그런 '스피드'가 있으면 참 좋겠지만, 아쉽게도 그의 부지런함에는 일관성이 없습니다. 민감한 취재 전화는 피하기 일쑤고 자신의 임무를 다 수행했다 싶으면 부재중 전화에도 '답 전화'를 남기지 않을 정도로 무심하죠.

또 다른 기업의 홍보 직원 ㄴ 씨는 계절이 바뀔 때마다 잊을 만하면 전화를 겁니다. 업무의 연장이라고 생각하면 귀찮을 법도 한데 그는 늘 반

가운 목소리로 그간의 일상을 전하고 또 안부를 묻습니다. 중간중간 여유가 있을 때에는 미팅 일정을 잡아 대면하는 시간도 갖습니다.

그러면서도 절대 '선'을 넘지 않습니다. 예의를 갖추고 적절한 유머로 사람을 기분 좋게 합니다. 보도자료를 보낸 뒤에도 항상 전화를 걸어 정중하게 메일 확인을 부탁합니다. 급박한 자료 전달에는 그럴 수밖에 없는 상황을 충분히 설명하고 양해를 구합니다. 그러나 그의 전화를 외면할 수 없는 '진짜' 이유는 기사가 나간 이후의 행동 때문입니다. 기사가 나온 다음 날이면 그는 항상 평소보다 더 밝고 명랑한 목소리로 감사 인사를 건넵니다. 별것 아닌 것 같지만 이 사소한 행동이 그의 메일을 한 번 더 챙겨 보게 합니다.

한번은 같은 날 두 사람에게 전화를 받았습니다. 극명하게 대비되는 두 사람의 행동에 감탄고토(甘吞苦吐)라는 말이 떠올랐습니다. 달면 쓰고 쓰면 뱉는다. 즉, 자신의 비위에 따라 사리의 옳고 그름을 판단함을 이르는 말이죠.

물론 성격에 따라 지속적인 연락이 불편한 사람도 있을 겁니다. 지속적인 '인맥 관리'가 익숙하지 않은 상황이라면 기사가 출고된 이후 짧게라도 "기사를 잘 봤나"라는 피드백 문자메시지를 남겨보는 것은 어떨까요. 이런 태도가 브랜드 이미지를 각인시키고 긍정적인 인상을 남기는 데는 분명 도움이 될 겁니다.

당신의 보도자료: 네이버 가거나 휴지통 가거나

6

본인이 보냈는데 무턱대고
"수정해주세요"

연예인 화보 사진 기사는 연예 매체나 독자에게 많이 소비되는 기사 중 하나입니다. 매거진 커버나 공항 패션, 광고 화보, 사회관계망서비스(SNS)까지 연예인 화보 관련 보도자료가 매일 쏟아져 들어옵니다. 대중이 선호하는 연예인이나 셀럽, 스포츠 스타라면 연예 매체가 해당 보도자료를 자주 받아서 쓰곤 합니다. 스포츠지라면 지면에 화보가 한 장씩 들어가기 때문에 기본으로 쓰는 기사이기도 하지요.

과거 한 패션 홍보대행사에서 연예인 화보 보도자료를 보낸 적이 있습니다. 톱스타 화보라 다들 루틴대로 받아 기사로 송고한 모양입니다. 그런데 알고 보니 화보로 보낸 사진이 A컷이 아닌 B컷이었습니다. 아마 연예인이나 광고주의 컨펌을 받았지만, 제대로 반영이 되지 않았던 거겠지요. 홍보대행사의 실수였습니다. 이미 기사는 나갔고 어떻게 해야 할까요? 재빨리 이메일을 보내거나 전화를 돌려 기자들에게 일일이 설명하고 때로는 읍소하며 사진 교체를 요청하는 수밖에 없습니다. 그런데 이를 수습하는 미션을 맡은 이가 아직 업무 파악이 되지 않은 대행사의 막내급 직원이었던 것 같습니다. 그가 몇 차례 사진 수정 요청 이메일을 보냈지만 제대로 보고 반영하는 기자가 없었겠죠. 실수를 무마하지 못하자 내부에서는 재촉하고 다그치기 시작했고, 그는 결국 화가 많이 났던 모양입니다. 몇몇 기자들에게 "왜 수정해주지 않느냐"라며 항의 전화를 하고 맙니다.

아마도 그의 생각으로는 우리 회사의 보도자료를 받아서 쓰는 기자이니 뭐든 요구를 들어줘야 하는 '을'이라고 생각했던 모양입니다. 사실 기자는 잘못된 정보가 아닌 이상 보낸 보도자료를 시간을 들여 수정할 의무가 없습니다. 수정해준다면 도의상 해주는 경우가 대부분이죠. 항의를 받은 기자 중 '성격 있는' 기자들은 다시 대행사 대표에게 전화를 걸어 "뭐 이런 경우가 있냐. 다시는 우리 매체로 보도자료를 보내지 말라"라고 엄포를 놓습니다.

결국에는 대행사 대표가 단체 이메일을 통해 "업무 파악이 제대로 되지 않은 신입 사원의 실수"라며 "너그럽게 용서를 구한다"라는 사과를 하면서 마무리된 일화가 있습니다. 그 신입 홍보 담당자는 어떻게 됐는지 알 수 없습니다. 같은 직장인으로서 상처는 잊고 부디 단단해진 마음으로 한 단계 성장하길 바랄 뿐입니다.

사실 보도자료를 보낸 후 수정해달라는 이메일을 꽤 자주 받습니다. 그 이유는 다양합니다. 단순한 표기 수정도 있지만, 얼마 전에는 상품 패

당신의 보도자료: 네이버 가거나 휴지통 가거나

키지 디자인 저작권 문제로 법정 공방이 벌어졌으니 사진을 내려달라는 수정 요청도 있었습니다. 사람이 하는 일이고 여러 소통의 과정을 겪다 보면 보도자료에 실수가 있기 마련입니다. 수정 요청에는 기본적인 예의를 갖추는 것이 필요합니다. 우선 실수한 부분에 대해서는 인정하고, 기사를 고쳐야 하는 것에 미안하다는 표현 정도는 해주는 것이 좋습니다.

기사 작성 및 게시에 대하여 감사를 표합니다.

다름이 아니라 표기해 드린 기사에 사용된 제품 사진의 패키지 디자인이 저작권 문제로 법적 공방이 발생할 수 있어 블라인드 처리 부탁드립니다.

지속적으로 게시될 경우 상대측에서 법적 책임을 요구할 가능성이 있기에 양해 부탁드립니다.

감사합니다.

[그림 4] 기사 수정을 요청하는 실제 메일

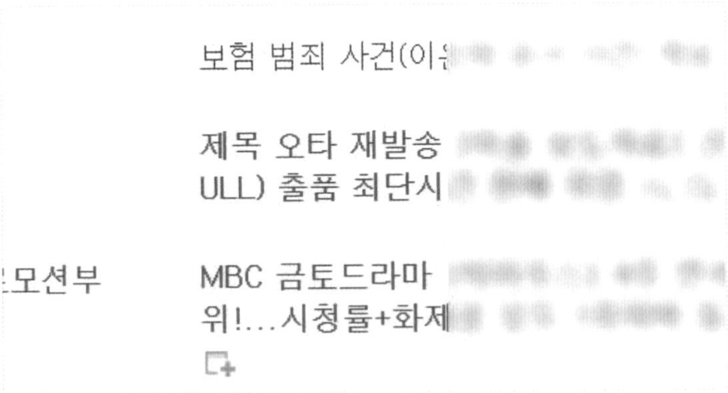

보험 범죄 사건(이

제목 오타 재발송
ULL) 출품 최단시

모션부   MBC 금토드라마
위!...시청률+화제

[그림 5] '제목 오타 재발송' 같은 일이 없도록 검토는 필수

수정해야 하는 부분이 잘못된 정보였다면 기자에게 오보를 내보내게 한 셈이니 미안한 일이고, 또 내부 사정으로 수정이 필요한 경우라면 기자에게는 불필요한 업무의 연장이 될 수 있으니까요. 무엇보다 잘못된 보도자료를 한번 받으면 그 대행사가 보내준 보도자료의 신뢰도는 확 떨어집니다.

개인적으로는 향후 불필요한 문제를 겪지 않기 위해 잘못된 정보를 포함하거나 맞춤법과 표기를 잘못 쓴 대행사의 보도자료 혹은 보도 이후 수정을 요청하는 곳의 자료들은 가급적 참조만 하고 기사 내는 것을 지양합니다. 기자 역시 자신의 이름(바이라인)으로 기사를 내는 만큼 신중함이 필요하기 때문이죠. 보도자료 역시 보내는 것에 급급하기에 앞서, 신중하게 오류 없이 작성하고 검토하는 것이 중요합니다.

7

[재배포] 안내 문구,
작은 배려입니다

온라인 매체가 늘면서 기사 송고도 속도전이 됐습니다. 예를 들어 새롭게 출시되는 상품 정보나 톱스타의 모델 발탁 같은 업계 새 소식도 먼저 쓰는 기자가 더 많은 독자의 선택을 받게 됩니다. 이렇다 보니 재밌고 유익한, 독자가 좋아할 만한 보도자료를 보고 먼저 선택해 빨리 기사를 쓰는 것도 기자의 능력이 되는 시대가 됐습니다.

그런데 같은 보도자료를 연달아 보내는 대행사들이 있습니다. 심지어 어제 기사로 모두 나온 내용인데 오늘 처음 보내는 것처럼 자료를 다시 보냅니다. 보도자료로 생성된 기사의 생명은 하루 내지는 이틀이 고작입니다. 3일 내내 같은 보도자료를 보내는 건 죽은 기사를 쓰라는 것과 다름이 없습니다. 매일 기사를 모니터링할 수 없는 기자는 이 보도자료가 타 매체에서 기사화가 되었는지 일일이 확인할 수 없을 때가 많습니다. 그러니 기자는 새 소식인 줄만 알고 이미 생명을 다한 기사를 내보내는 일도 있습니다. 나중에 알면 낭패를 넘어 왠지 대행사에 속은 기분이 듭니다.

대행사는 최대한 기사가 많이 송고되는 것이 능력이며 광고주들에게 어필할 수 있는 부분이 되겠지요. 아무리 기사 욕심이 나더라도 한번 배포됐던 기사는 과거에 배포된 적이 있다는 표기를 해서 다시 내보는 것이 좋습니다. 바로 [재배포]라는 문구를 달아서 말이죠. 그렇게 되면 기자도 쉽게 판단할 수 있습니다. 이 자료는 다시 볼 필요가 없는 이슈라든지, 아니면 재배포라 하더라도 충분히 기사로 만들 가치가 있는 자료라든지 말이죠.

어제 보내놓고 마치 새 소식을 전달하듯 문구를 살짝 고쳐서 다시 보내는 대행사도 간혹 보이는데 심하게 말하면 기만당하는 기분이 들기도 합니다. 또 '얼마나 기자들이 써주지 않으면 며칠이 지났는데 다시 보낼까'라는 생각마저 듭니다. 그런 매력적이지 않은 보도자료를 써줄 이유는 없지요. 유통기한이 지난 기사를 피하기 위해 그런 대행사의 이메일은 과감하게 차단합니다.

재배포를 붙이는 것은 싫지만, 제품이나 사람을 더 알리고 싶다면 부지런하게 배포할 수 있는 B컷을 사용해 다른 자료를 만들면 됩니다. 아니면 제품을 다른 관점으로 소개하거나 시의성을 갖춰 다른 제품들과 섞어서 번듯한 기획 자료로 만드는 편이 좋습니다. 아무런 성의 없이 똑같은 자료를 다시 보내는 행동은 '눈먼 기자, 한 놈만 걸려라'라는 심보일 뿐 죽은 기사는 그 어떤 기자도, 독자도 원치 않습니다.

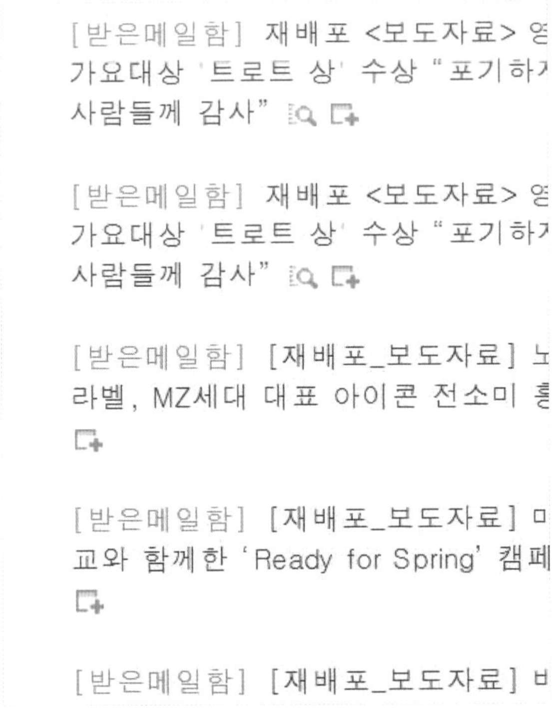

[받은메일함] 재배포 <보도자료> 옅
가요대상 '트로트 상' 수상 "포기하ㅈ
사람들께 감사" 🔍 🗗

[받은메일함] 재배포 <보도자료> 옅
가요대상 '트로트 상' 수상 "포기하ㅈ
사람들께 감사" 🔍 🗗

[받은메일함] [재배포_보도자료] 노
라벨, MZ세대 대표 아이콘 전소미 흩
🗗

[받은메일함] [재배포_보도자료] ㅁ
교와 함께한 'Ready for Spring' 캠페
🗗

[받은메일함] [재배포_보도자료] ㅂ

[그림 6] [재배포]를 표시한 메일

8

법적 대응 운운은
'자충수'

연예 부서에서 일했던 당시 이야기입니다. 연예 매체에서 방송 프로그램의 특정 연예인 '출연 확정' 기사는 단독 기사 중 중요한 아이템이었지요. 기자들은 각종 통로를 통해 누가 어디에 캐스팅됐는지 취재하고 여느 매체보다 빨리 보도하는 것이 주된 일이었습니다. 단, 연예인 당사자는 "○○ 프로그램에 출연하기로 했다"라는 정보는 줘도 출연료 문제와 계약 관계 때문에 본인의 입을 통해 나온 내용으로 기사를 내는 것을 매우 부담스러워하는 경향이 있습니다. 그래서 꼭 제작사나 방송사에 확인을 거쳐 기사를 써달라는 조건이 붙기 마련입니다.

한 연예인에게서 "모 프로그램 출연이 확정됐으며 이미 첫 회를 촬영했다"라는 말을 듣고 기존 방식대로 프로그램이 송출되는 모 케이블 방송사 홍보팀에 확인 전화를 했지요. 예상했던 대로 "확인해보겠다"라는 담당자의 답변이 돌아왔습니다. 이미 당사자들에게는 확인했고, 방송사 답변만 들으면 되니 기사는 모두 써놓은 상태였습니다. 그러나 얼마 후 홍보 담당자가 전화를 걸어와 "확인해보니 그런 사실이 없다"라는 정반대의 답변을 내놓는 것이 아니겠어요?

그렇다면 이미 첫 회를 녹화한 연예인의 말은 무엇이었을까요? 이미 출연이 확정된 다른 연예인 측에도 확인한, 일명 크로스 체크(교차 검사)를 한 팩트였는데 말입니다.

"저 역시 정통한 소식통으로 두 곳에 확인을 끝낸 사안입니다. 게다가 해당 연예인이 이미 녹화한 것으로 알고 있고요. 기사를 쓸 테니 잘못된 부분이 있다면 방송사에서 반박 보도자료를 내세요."

어떤 사정인지는 알 수 없으나 취재한 사항을 홍보 담당자의 한마디에 그냥 날릴 수 없었습니다. 전달 오류로 단독을 놓친다고 해서 그가 보상해줄 것도 아니니 말이죠. 그러자 그에게서 뜻밖의 답변이 흘러나왔습니다.

"아, 그럼 기사가 나가고 저희가 법적으로 문제를 제기해도 괜찮으시겠어요?"

법적으로 문제 제기? 괜찮으시겠어요? 명백한 협박으로 들렸습니다. 사실 이런 협박을 듣고 기가 죽어 기사를 포기하는 기자는 없으리라 생각합니다. 오히려 오기가 생기지요. 그의 법적 발언은 안 하느니만 못한 대응입니다. 방송 출연이 뭐라고 법을 운운할까요? 황당함을 넘어 웃음이 날 상황입니다.

"네네, 문제 제기하시고요. 제 모든 통화는 녹음되고 있습니다. 기사가 사실일 시 저는 협박죄로 문제 제기할 테니 그거나 준비해놓으세요."

농담 반 진담 반으로 전화를 끊고 기사를 내보냈습니다. 잘못된 내용은 없었습니다. 당연히 문제 제기도 없었고요. 그저 홍보 담당자와 기자 사이만 서먹해졌을 뿐입니다. 사실 기자가 되고 홍보 담당자에게 법적 책임을 운운하는 발언을 들은 것은 그때가 처음이자 마지막이었습니다. 결국 같은 부서의 다른 홍보 담당자로부터 "그 사람이 좀 오버하는 경향이 있다"라며 사과 아닌 사과를 받았습니다. 방송 기자와 방송 홍보 담당자의 관계는 일이 잘못됐다고 해서 그만 봐도 되는 사이가 아닙니다. 끊임없이 접촉하고 조율해야 하는 사이이지요.

그는 법적 책임을 운운하기 전에 정확한 사실을 전달해야 했습니다. 솔직함이 첫 번째입니다. 기사화를 막고 싶다면 방법은 많습니다. 그 건은 이러저러한 문제가 있으니 기사 발행을 하루나 이틀 정도만 보류해달라고 한다든지, 다른 단독 기사를 줄 테니 잠시 보류해달라고 하면 고려하지 않을 기자는 없습니다. 사회부나 정치부처럼 국민의 알권리가 걸린 문제나 사회적 시스템의 근간을 흔들어놓는 큰 이슈가 아니니까요. 다양한 연예 홍보 담당자를 봐왔지만 그들의 가장 큰 능력은 소통과 융통성이란 걸 다시 한번 느낀 사건이었습니다.

9

친밀함의 표현, 반존대?
듣는 기자는 그냥 불쾌해요

연예부 시절 이야기를 하나 더 하겠습니다. 기업 홍보 관련 사람들은 그럴 일이 없겠지만 일부 연예 매니지먼트 분야 홍보 담당자는 자신이 스타의 매니저라는 이유로 스타 행세를 하는 분들이 있습니다. 그중 연예 매체 기자들 사이에서도 유명한 대행사 홍보 담당자 ㄱ 씨가 있습니다. 그는 기자의 연차가 낮거나 자기보다 어리다 싶으면 존댓말 속에 반말을 섞어 이야기하는 습관이 있었습니다. 존댓말에 반말을 살짝 섞는 느낌입니다. "아니, 아니 그런 게 아니고요. 응 그래, 그렇죠"라는 식으로 존댓말과 반말을 7:3 정도로 섞습니다. 자기 딴에는 기자와 쌓인 내적 친밀감의 표현이라고 생각해서 그렇게 말하는 것인지 잘 모르겠지만, 기자들 사이에서는 '기분 나쁜 홍보'라는 평판이 자자합니다.

그는 기자들에게 센 척도 잘합니다. 혼자 기 싸움을 하는 타입이랄까요. 자신이 맡은 연예인에 관한 비판적 논조의 기사가 나오면 대놓고 기자 이름을 들먹이며 비난하기 일쑤지요. 한번은 기자들 대여섯 명이 모인 단체 인터뷰 장소에서 해당 기사를 쓴 기자의 이름을 언급하며 "내가 오늘 ○○○ 기자 얼굴을 한번 봐야겠네"라며 큰소리를 낸 적도 있죠. 막상 그 기자가 다가오자 별말을 하지 않아 더 '없어 보이기'까지 했답니다.

업무적인 관계임에도 기자와 친해졌다는 이유로 가끔 반말하는 분들이 계십니다. 그걸 편하게 여기는 기자들도 있겠지만 기자 대부분은 불편해합니다. 특히 연차가 낮은 기자들에게는 '내가 연차가 낮다고 무시하는 건가?'라는 불필요한 오해를 불러일으킬 수도 있습니다. 친구가 아닌 이상 반말은 어디서도 환영받지 못합니다.

또한 ㄱ 씨처럼 기자들이 모여 있는 데서 특정 기자를 비난하는 자세도 좋지 않습니다. 가뜩이나 좁은 동네라서 당사자 귀에 어떻게든 들어가기 마련이거든요. 특히 말 많고 탈 많은 연예업계에서 입조심은 필수입니다. '입조심'하니 또 하나 생각나는 에피소드가 있네요. 주로 영화 쪽에서 활동하는 성격이 별로 좋지 않은 중견 배우와 관련된 에피소드입니다.

자의식이 과했던 그는 자신의 영화 홍보 인터뷰 때 기자들 앞에서 유쾌하지 않은 태도를 보였습니다. 그날따라 컨디션이 더 나빴던 모양입니다.

"어려운 영화를 찍고 싶은데 관객들이 따라올 수 있을지 고민이 많다"라거나 기자들을 앞에 두고 "그런 기사 좀 쓰지 마시라고요"라는 지적을 하기도 했습니다. 인터뷰 분위기가 너무 엉망이다 보니 "인터뷰 기사를 쓰지 않겠다"라고 거부한 기자도 있었습니다. 영화 홍보를 해야 하는 배급사에서는 기자들에게 대신 고개 숙이며 "너무 죄송하다"라고 사과도 했죠.

문제는 그 이후였습니다. 기자들 사이에서 최악의 인터뷰 태도와 일부 보이콧 소문이 나기 시작하자 배우의 소속사 홍보 담당자가 다른 기자들에게 해명한다는 것이 "너무 얼치기 기자들이 많았던 자리라 우리 배우가 폐부를 찌르는 답변을 했을 뿐 분위기는 문제가 될 것이 없었다"라고 배우 편을 들었던 거죠. 역시 좁은 바닥, 이내 이 이야기가 보이콧을 선언한 기자들 귀에 들어갑니다. 가만히 있지 않았겠죠. 기자들이 "그렇다면 그 인터뷰 장소에서 ○○○ 배우가 했던 이야기들을 그대로 기사로 쓸 수밖에 없다"라고 들고 일어났습니다.

그러자 홍보 담당자는 막내급 직원을 대동해 기자들을 찾아가 사과의 뜻을 표합니다. 그런데 그 방법이 무척 해괴망측했는데, 막내 홍보 담당자를 옆에 두고 그 자리에서 엉엉 울면서 죄송하다고 사과했다고 합니다. 그 광경을 보는 기자는 매우 당혹스러웠다고 하죠. 홍보 담당자가 기자에게 갑질을 당한 것처럼 서럽게 울었으니까요. 울고불고하니 일단은 준비한 기사를 내보내지는 않았으나 해당 기자는 세상에 그런 불쾌한 사과를 받는 것은 처음이었다고 말합니다.

연예 홍보 담당자를 위한 팁

- 아무리 편한 상대라 해도, 나이가 어려도 업무로 만났다면 기본적으로 예의를 지켜주세요.

- 연예인 홍보는 스타를 빛나게 하는 것이 아니라 그들의 그림자를 가려주는 역할이 먼저입니다.

- 너무나 좁은 업계입니다. 내가 하는 말이 언제든 더 크게 돌아올 수 있다는 말을 명심하세요.

- 당신은 드라마 속 주인공이 아닙니다. 오열 사과라든지 극단적인 행동은 삼가세요(극단적인 행동까지 가지 않도록 말조심이 우선입니다).

10

나는 대기업 직원,
너는 듣보 매체 기자!

주변에서 듣고 직접 경험했던 이상한 홍보 담당자 이야기만 늘어놓다 보니 오해를 살 수 있겠습니다. 이상한 분들은 아주 일부이고 대부분 홍보 직원은 사적으로도 친구가 되고 싶을 만큼 경위가 분명하고 융통성 있고 똑똑하고 유쾌한 분들입니다. 사실 이상한 부류는 기자 직군에 더 많다는 점, 인정합니다. 아마 독특한 기자 유형을 책으로 쓴다면 한 권으로 부족할 겁니다. 이렇게 밑밥을 던지는 이유는 최악의 홍보 담당자 이야기를 전하기 위해서입니다.

ㄱ 씨는 한 영화배급사 홍보 직원이었습니다. 평소에는 신사적이고 일 잘하는 문제없는 분이었습니다. 술이 들어가면 지나치게 '취중 진담'을 한다는 것만 빼면 말이죠. 영화사 홍보인과 영화 담당 기자는 방송 쪽보다 더 친밀한 관계를 맺기 마련입니다. 영화 제작비가 워낙 많이 들고 기자들의 비평 기사 하나하나가 흥행에 미치는 영향력이 크기 때문에

영화 담당 기자들을 '더 세게 관리'하는 편이죠. 그렇다 보니 점심은 물론이고 저녁 술자리도 꽤 많이 갖는 편입니다. ㄱ 씨의 술버릇을 생각하면 그는 술자리 홍보를 해서는 안 되는 사람이었습니다.

어느 날 그는 여성 기자 3명과 술자리에서 농담을 주고받다가 감정이 상하고 맙니다. 특정될 수 있어 정확한 워딩은 밝힐 수 없지만, 그에게 한 기자가 던진 "개그맨 누군가를 닮았다"라는 농담이 화근이었습니다. 취중 상태에서 화가 난 그는 결국 "야 너희들 나보다 연봉 높아? 나는 대기업 직원이고 너희는 듣보(듣지도 보지도 못한) 회사 직원 주제에!"라고 해서는 안 될 말을 하고 맙니다. 이럴 때 쓰는 요즘 말이 '갑분싸(갑자기 분위기가 싸해짐)'죠? 그가 선을 넘었다고 판단한 가장 연차 많은 기자가 "여기 술자리는 내가 계산할 테니 ㄱ 씨는 집에 가시라"라고 말하고 보냅니다. 만취 상태인 그를 다른 여기자가 부축해 택시에 태우게 됐는데, 거기서 그는 "저 사람들은 놔두고 우리끼리 술 한잔 더 하자"라며 부축하는 여기자에게 추태까지 부리고 맙니다.

그는 어떻게 됐을까요? 기자의 항의로 당연히 홍보 직군에서 배제됐습니다. 성희롱으로 비화하지 않았기 때문에 그가 그렇게 자랑스럽게 생각하는 대기업 소속은 지킨 모양입니다만 영화 홍보업계에서는 완전히 자취를 감추고 말았죠.

술자리 홍보는 과거의 산물입니다. 과거에는 "술자리에서 특종이 나온다"라는 말이 있었지만, 요즘은 워낙 취재할 수 있는 창구가 많아졌고, 분위기도 '워라밸(일과 삶의 균형, Work and Life Balance)'을 중시

하는 터라 홍보 담당자도 기자도 원치 않는 저녁 술자리는 점점 사라지는 추세입니다. 술자리 불상사가 생기기 전에 서로서로 조심하는 것이 최선입니다.

11

내가 기자 선배잖아
"응? 이제 아니야!"

홍보 담당 직업군은 기자들이 이직을 고려할 때 가장 먼저 떠올리는 직군입니다. 포인트를 잡아내 보도자료를 쓰는 등 업무 자체가 비슷하다 보니 상호 간 이동할 기회가 많습니다. 또 현역 기자 시절에 쌓은 인맥이 홍보 업무에 도움이 될 수 있으므로 홍보 담당자를 뽑는 회사에서 기자 출신을 선호하기도 합니다. 실제 업무를 하다 보면 기자 출신 홍보 담당자를 꽤 많이 만납니다. 때로는 현역 시절 선배로 대하던 사람도 있어서 반갑기도 하지만 때로는 불편한 관계가 되기도 합니다. 각자 맡은 업무만 잘한다면 별문제가 되지 않습니다만, 과거 선후배 관계를 현역 기자에게 강요하면 그 관계는 유지되기가 어렵습니다.

후배가 경험한 에피소드입니다. 영화 매체에서 악평을 스스럼없이 쓰던 ㄱ 기자가 대형 엔터테인먼트 홍보 직원으로 이직한 ㄴ 선배를 만났습니다. 해당 회사에서 곧 개봉할 영화가 한 편 있는데 개봉되기 전에 비평 기사를 좀 봐달라는 청탁 느낌의 만남이 성사된 것이지요.

그런데 이번에도 술이 문제였습니다. 술에 강한 ㄱ 기자와 비교해 ㄴ 선배는 술이 약한 데다 주사마저 있었던 거죠. ㄴ 선배는 홍보 직원들의 만류에도 불구하고 막말을 했습니다.

"야! 너 기사 그따위로 쓰지 마. 우아하게 써야지. 그렇게 뭐든 까면 좋냐? 좋아?"

이 말에 ㄱ 기자는 "아직도 기자인 줄 아냐?"라고 선을 그어버립니다. "선배 기자 노릇을 하려는 거냐. 아무리 선배라도 남의 기사에 뭐라고 할 수 없다"라고 말이지요.

청탁 모임에서 설전을 벌였으니 ㄱ 기자를 '감으려고(환심을 사려)' 했던 작전은 실패를 넘어서 안 하느니만 못한 상황이 되어버렸고, 그 후 ㄴ 선배는 사과 한마디 없이 취재 장소에서 ㄱ 기자와 마주칠까 봐 전전 긍긍하며 지낸다고 합니다. 직군을 옮기고 하는 일이 달라졌음에도 과거 직장의 '선배 부심'을 버리지 못한다면 향후 홍보 업무를 잘해나갈 수 있을지 좀 걱정이 앞서는 일화입니다.

12

홍보 활동은
BTS 아미들처럼

엔터테인먼트 부서로 이동했을 때 놀란 점 중 하나는 보도자료가 매니지먼트사나 홍보대행사에서만 오는 것이 아니라 팬덤에서도 온다는 사실이었습니다. 바로 그룹 방탄소년단의 팬덤 '아미'입니다. 이들은 멤버들이 언급된 외신 기사나 해외 셀럽이 언급한 소식 그리고 해외 음악 랭킹 소식을 소속사보다 먼저 정보를 수집하고 그들 나름의 보도자료를 만들어 기자들에게 직접 배포합니다. 그 만듦새나 완성도가 프로 홍보대행사 못지않아 깜짝 놀랄 때가 있습니다.

□	구분	보낸사람	제목	받은시간	크기
□			제보) 방탄소년단 ▦ 나라도 구찰 비추얼 킹	2021-07-22 09:27:46.0	5MB
□			제보) 방탄소년단 ▦ 세계의 팬들을 만나지	2021-07-22 09:18:08.0	13.47MB
□			[방탄소년단] 기사제보합 < '글로벌 잇보이	2021-07-22 08:41:36.0	1.59MB
□			제보) 방탄소년단 ▦ 개인해시태그 세계1위	2021-07-22 08:04:27.0	11.94MB
□			[방탄소년단] 기사제보합 <방탄소년단 . 日	2021-07-21 10:16:58.0	3.5MB
□			[방탄소년단] 기사제보합 <방탄소년단 . 日	2021-07-21 09:39:22.0	3.5MB
□			[방탄소년단] 기사제보합 <방탄소년단 . 꾸	2021-07-21 09:34:27.0	4.33MB
□			제보) 방탄소년단 ▦ 아이돌트레이너의 가장	2021-07-21 08:06:11.0	13.29MB
□			제보) 방탄소년단 ▦ 레전드 솔로곡 . 사	2021-07-21 07:30:51.0	5.47MB
□			기자님 ▦ 초등학교 견럽 기사 잘 부탁드립니	2021-07-20 09:55:11.0	4.58MB
□			[BTS 기사제보합]+[방탄소년단 ▦ 이름 만 초	2021-07-20 09:54:34.0	4.58MB

[그림 7] 방탄소년단 팬덤 아미들이 기자에게 보낸 메일들

방탄소년단과 팬덤 아미의 유대감은 그 어떤 그룹보다 끈끈하기 때문입니다. 그들의 데뷔부터 지금의 글로벌 팝스타로 성장하기까지 팬들의 절대적인 지지가 지대한 영향을 미친 덕입니다. 이제 아미들은 기존 팬덤 활동인 '음반 구매', '스밍(실시간 재생)', '라디오 신청', '투표' 등을 넘어 '언론 홍보'의 영역까지 넘나들기 시작했습니다.

"왜 기자들에게 보도자료를 보내나요?" 이들에게 물어본 적이 있습니다. 이들은 "팬들의 응원은 순수한 팬심이며, 사랑하는 마음으로 자신을 드러내지 않고 응원하고자 하는 마음이 가장 크다"라고 밝혔습니다. 소속사가 홍보하고 있지 않으냐고 묻자 이들은 "그룹 활동 외에 개인 활동이 전혀 없는 부분, 세계적인 신기록 같은 이슈도 소속사에서 '개인'으로 알리지 않는 부분이 답답해 제보하게 됐다"라고 말했습니다.

그들의 보도자료에서 소스를 얻어 후속 취재를 하고 팩트체크를 한 후에 기사화한 적이 몇 번 있습니다. 개인 팬덤이라는 점과 간혹 과장되

거나 잘못된 정보를 전달하기도 한다는 점에서 그들의 보도자료를 쉽게 기사화할 수 없는 지점이 있음은 밝혀둡니다.

'아미처럼 홍보하라'라는 말은 그들의 활동이 보도자료를 뿌리고 끝이 아니라는 점에 있습니다. 자신의 자료를 토대로 한 기사가 게재되면 그들은 기자에게 이메일을 보내 "저희 자료를 기사화해주셔서 감사하다"라는 인사를 꼭 전합니다. 게다가 그렇게 보도된 기사는 직접 여러 SNS에 퍼 나르며 더 많은 사람에게 닿을 수 있도록 마음을 씁니다. 그들이 보내는 모든 보도자료를 발 빠르게 기사화하는 바람에 유명해진 엔터 전문 기자도 있을 정도입니다.

결국 자기가 홍보하려는 대상에게 얼마나 많은 애정과 관심을 두고 있느냐의 문제겠지요. 아, 그러고 보니 일을 '최애(최고로 사랑하는 멤버)'처럼 사랑할 수 있을까요? 생각해보니 저로서도 그건 불가능할 듯합니다. 일과 '덕질(광적 팬으로 활동)'은 엄연히 다른 문제니까요. 같은 직장인으로서 '아미가 BTS 덕질을 하듯 일하라'라는 말은 좀 무리한 발언인 것 같습니다. 죄송합니다. '보도자료 아미'들이 기자를 대하는 애티튜드 정도만 참고하시면 좋을 듯합니다.

5장

역대급 '혼파망'

홍보 X-파일

거짓 보도자료 그리고 잠수,
"그것은 홍보가 아닌 범죄였다"

홍보의 첫째 요건은 솔직함입니다. 홍보하고 있는 상품과 관련해 네거티브한 사건이 하나 터졌다고 가정해봅시다. 매체들은 많아졌고 누구나 발언권을 가진 SNS 시대입니다. 일부 미디어를 대상으로 한 홍보를 통해 포장이나 거짓말로 사건을 막으려고 한다면, 그러면 그럴수록 사건이 더 크게 번지고 터져 나올 수밖에 없는 것이 요즘 환경입니다. 특히 상품이 아니라, 입체적이고 유동성을 가진 '사람'을 알리고 대변하는 엔터테인먼트 홍보가 상황을 대처하는 법은 정직과 정공법밖에 답이 없다는 생각을 요즘 많이 합니다. 상황을 빠르게 파악하고 필요하다면 인정도 확실하게, 사과도 정확하게 하는 것이 가장 바른 수습이랄까요.

게다가 사건은 홍보하는 동안 한 번 터지는 것이 아닙니다. 다시 말해 끊임없이 터집니다. 거짓말로 일관했던 홍보는 향후 어떤 변명을 내놓아도 곧이곧대로 들리지 않는 게 당연합니다. 차라리 기자에게 읍소해 라포를 형성한 후 기사의 톤을 조절하는 게 백번 낫습니다. 자신의 소속사 연예인의 과오를 인정하지 않고 교묘한 태도로 일관하는 바람에 수많은 매체에 의도치 않은 오보를 쓰게 한 최악의 홍보가 떠오릅니다.

2021년, 학창 시절 학교 폭력에 가담했던 이들에 관한 과거사 폭로가 배우, K팝 아이돌, 운동선수 할 것 없이 줄줄이 비엔나소시지처럼 이어져 나왔던 때의 일입니다. 젊은 배우 A군의 학폭 의혹 폭로가 불거졌지요. 그는 큰 흥행을 거둔 한 드라마에 학생 역으로 출연해 시청자들에게 눈도장을 찍은 일명 '라이징 스타'였습니다. 그가 과거 학폭을 했던 전력이 한 동창생에 의해 폭로되었으니 기자, 특히 연예 매체 기자들은 사건을 예의주시할 수밖에 없는 상황이었습니다. 해당 연예인과 폭로자는 서로 폭로와 반론으로 시시비비를 가리다 결국 명예훼손 소송으로까지 번졌습니다.

얼마 지나지 않아 소속사는 소송 결과를 보도자료로 냈습니다. "A의 법정 공방과 관련해 무혐의로 수사가 종결됐다"라는 겁니다. 즉, A의 학폭 의혹이 무혐의 처분을 받았다는 보도자료였습니다. 촌각을 다투는 만큼 매체들은 확인 절차 없이 '학폭 A군, 무혐의 수사 종결'이라는 기사를 쏟아냅니다. 유력 매체를 포함해 40여 매체가 A군 소속사의 보도자료만으로 기사를 냈습니다. 저는 보도자료를 받은 직후 소속사에 전화를 걸었습니다. 사항이 엄중한 만큼 재차 확인하기 위해서였지요. 그렇지만 홍보팀은 전화를 받지 않았습니다. 나중에 알고 보니 의도적인 회피였습니다.

실제 법정의 판단은 이랬습니다. A군이 자신을 향한 음해성 허위 인터넷 게시 글을 게재한 이(과거 피해를 주장했던 폭로자)를 명예훼손으로 고소했는데, 검찰은 서로의 견해 차이와 주장을 뒷받침할 명백한 증거가 없다는 이유로 A군이 제기한 명예훼손 혐의와 A군의 학폭 혐의, 두 건 모두 무혐의로 처리한 것이었죠. 소속사 홍보팀은 이 무혐의의 주체가 A군 한 사람인 것처럼 교묘하게 표현해 그가 학폭 무혐의를 받은 것처럼 보도자료를 꾸몄고, 기자들의 확인 전화를 일부러 피한 것이 아닐까요? 아무리 봐도 이런 행동은 확인하지 않고 받아쓰는 일부 기자들을 노린 것이 아닐까요?

결국 'A군 무혐의'라고 쓴 오보 기사들은 2주가 넘도록 수정되지 않고 이렇다 할 정정 내용조차 없었습니다. 당시 저는 소속사가 연결되지 않아 변론을 맡았던 법무법인에까지 전화를 해봤지만, 그곳도 연락을 받지 않더라고요. 여러 차례 전화를 걸어 겨우 연결된 법무법인 안내데스크에서는 뭘 묻지도 않는데 기자라는 신분을 밝히자마자 "안 돼요!"라고만 외쳤지요.

'도대체 질문이 뭔 줄 알고 안 된다는 거죠?' 그저 헛웃음만 나왔습니다. 결국 수일이 지난 후 A군이 학폭 가해자였다는 사실이 만천하에 밝혀졌죠. 소속사는 해명하는 과정에서 "발로 가슴을 밀었다(?)"라는 해괴한 표현을 남기기도 했습니다. "어린 시절 열악한 환경을 탓하며 방황하던 시절도 있었다"라면서 "더욱더 좋은 사람이 되도록 노력하겠다"라는 식상하고 낡은 전략을 쓰기도 했고요.

저는 해당 건을 오랜 기자 생활 중 가장 기억에 남는 최악의 홍보 전략이라고 꼽습니다. 확증 없는 심증이지만 교묘하게 표현된 입장문과 확인 전화를 일부러 피하는 것. 사실이라면 이런 행위는 홍보의 영역이 아니라 '범죄'의 영역 아닌가요?

사건을 대하는 홍보를 위한 팁

- 사건은 회피가 아닌 정면 돌파의 심정으로 대처하세요.

- 때로는 어설픈 변명문을 생각하기보다 진정성 담긴 사과문을 먼저 떠올리세요.

- 기자들에게 먼저 속내를 터놓고 정직하게 다가선다면 타협의 길이 열릴 수도 있어요.

- 당신도 기자도 알고 보면 사건의 제삼자, 너무 몰입하지 마세요. 객관적으로 보아야 해결책을 찾을 수 있어요.

"그게 단독감이 되나?"
낮은 연차 기자와 높은 연차 홍보부장

여러 분야의 홍보 선수들을 만나다 보면 다양한 부류의 사람을 만날 수 있습니다. 그중 유독 '임원 부심'을 부리는 분들이 계십니다. '내가 홍보부장인데', '내가 상무인데' 사실은 엄격한 승진 개념이나 상명하복 분위기가 없는 기자 직군에서는 상대방이 사원이든 대표든 큰 감흥이 없는 것이 사실입니다.

어느 매니지먼트사 홍보부 부장의 이야기입니다. 그는 부장이라는 높은(?) 지위를 늘 강조했습니다. 기자들과의 만남에서도 그가 차장인지 부장인지 명함을 보고 대응이 달라지곤 했습니다. 편안한 자리에서는 "내가 '핫바리(낮은 지위)'도 아니고 이런 연차까지 돌아야 해?"라는 무개념 발언을 하는 바람에 기자들 사이에서 '연차를 가린다'라는 소문이 자자했습니다.

기자들을 상대로 특정 기사에 평가까지 한다는 말도 들립니다. 자신의 소속사 모 배우가 작품 출연이 불발된 소식을 단독으로 쓴 매체 부장에게 전화를 걸어 "그게 단독감이 되나? 단독거리야?"라고 폄하하거나 비아냥거리기도 했답니다. 그런 선 넘는 발언을 듣고 기자들이 속 편하게 해당 소속사 홍보 자료를 쓸 수 있을까요? 악성 기사를 쓰지 않으면 다행입니다.

어떤 업무가 됐든 '선'을 넘지 말아야 하는 것, 매우 중요합니다.

3

'호기심 천국 홍보 담당자님'
인터뷰에 끼어들지 마세요

대부분 엔터테인먼트 관련 홍보인에게서 꽤 보이는 행동인데, 인터뷰 중에 자꾸 끼어드는 분이 계십니다. 특히 연예인 인터뷰 자리에서 '자신도 팬'이라며 사심을 주체하지 못하고 인터뷰에 끼어 이런저런 말을 섞는 이들이 있습니다. 이는 홍보인으로서 최악의 행동입니다. 한번은 당시 큰 인기를 얻었던 개그맨을 섭외해 촬영과 인터뷰를 진행한 적이 있습니다. 그곳에 함께 온 매니지먼트 홍보 직원이 해당 연예인을 너무나 좋아했던 모양입니다. 그의 행동은 사진 촬영부터 남달랐습니다.

사진기자가 촬영을 진행하고 있는데 그곳을 자신의 셀카 배경으로 해서 사진을 찍기 시작했습니다. 자기 프사(얼굴 사진)나 SNS 업로드도 좋지만, 엄연히 일하는 현장에서 프로다운 행동은 결코 아니죠. 결국 사진기자로부터 "지금 뭐 하시는 거냐"라는 소리를 듣고는 "안 되는 건가요?" 하고 겸연쩍은 표정으로 그제야 셀카 촬영을 멈추었습니다.

123

그의 행동은 여기서 끝이 아니었습니다. 인터뷰 도중 갑자기 개그맨 옆에 앉더니 말을 걸기 시작합니다. 분위기는 순식간에 인터뷰가 아닌 잡담이나 수다의 시간이 되어버렸죠. 자기 딴에는 분위기를 좋게 풀어보기 위한 오지랖이었을까요? 그러기에는 개그맨조차 어색하게 만드는 "제가 너무 팬이잖아요", "실물이 훨씬 잘생기셨어요" 등과 같은 사심이 담긴 대화 위주였습니다.

결국 기자는 원활하게 인터뷰가 진행되지 않자 "하시고 싶은 말씀은 인터뷰 끝나고 하시죠. 지금은 인터뷰 시간입니다"라고 말할 수밖에 없었습니다. 알고 보니 그는 상습범이었습니다. 다른 기자의 또 다른 개그맨 인터뷰에서도 남다른 존재감을 발휘했던 모양입니다. 호기심이 강했던 이 홍보 담당자는 몇 차례 엔터테인먼트사를 옮겨 다니더니 현재는 이 분야에서 일하지 않고 있습니다. 물론 현장 분위기를 원활하게 하는 것도 능력 있는 홍보의 일면입니다. 그러나 치고 빠질 줄 아는 홍보, 그 역시도 능력입니다.

4

밤 10시
"저 지금 한강입니다"

기업 소식을 다루는 산업부나 경제부 기사는 기업의 이미지나 나아가 주가에도 영향을 미치는 만큼 사기업의 홍보 직원들은 매일같이 쏟아지는 매체 기사들에 촉각을 곤두세우기 마련입니다. 하지만 기사로 인해 치명적인 이슈가 발생해도 홍보 직원들은 최대한 객관적으로 한 걸음 물러나서 사안을 보는 시선이 필요합니다. 워낙 매체가 많은 데다 SNS로 순식간에 소식이 퍼지기 때문에 기사 한 건을 막는다고 해결될 일이 아니기 때문입니다.

삼정이 잎시거나 당황하기 전에 합리적이고 냉철한 판단이 필요합니다. 기업 내 분위기도 한몫하겠지만 자사에 다소 불리한 기사다 싶으면 사적으로 목숨을 거는 홍보 직원이 종종 있습니다. 주로 옛날부터 홍보 업무를 했던 연륜 있는 분들이 그렇습니다. 이들은 기업 총수나 CEO의 리스크를 다룬 기사에 특히 더 예민하게 반응하는 특징이 있습니다.

125

한 기자가 기업 기사를 다루면서 널리 알려진 CEO 리스크와 관련한 내용을 본문에 언급합니다. 상무 직급의 홍보 담당자에게서 전화가 옵니다. 해당 문구를 삭제해달라는 것이죠. 기자는 그게 오보가 아니라면 삭제할 수 없다고 맞섭니다. 여기까지는 기자와 홍보 담당자 사이에 흔히 있는 상황입니다. 전화 통화를 한 날, 밤 10시. 기자에게 의문의 전화가 걸려옵니다. 스마트폰 너머로 세찬 바람 소리가 들립니다.

낮에 통화했던 그 상무는 기자에게 "저 지금 한강입니다"라고 말합니다. 기자는 그의 한마디에 아연실색합니다. 요즘이 80년대도 아니고 절실함을 가장한 협박이 통하는 시대인가요? 기사 하나 막는다고 세상다 아는 오너 리스크가 사라지는 건 아닐 텐데 말이죠. 기자는 "지금 협박하시는 거냐?"라는 매몰찬 한마디를 던지고 통화를 마칩니다.

이제 홍보 업무도 감정에 호소하는 시대는 지났습니다. 비밀이 사라진 시대이고 누구나 목소리를 낼 수 있는 시대입니다. 벌어진 상황을 감추는 데 급급하기보다는 리스크를 최소화하는 방법으로 발 빠르게 움직여야 하는 세상이 됐지요. 상무님, 한강 발언은 무리수 중의 무리수였습니다.

단독은 소중해!
꼭 지켜주세요

단독 기사는 크로스 체크가 필수입니다. 제보자나 취재처를 통해 단독 사실이 확인됐다면, 사실과 관련된 해당 회사나 기관 등에도 사실 여부나 사실에 대한 입장을 확인하는 것이 기본입니다. 이런 과정에서 홍보인이 절대 해서는 안 되는 일이 있습니다. 단독 기사를 확인한다고 시간을 벌어놓고는 본인과 친한 기자에게 해당 내용을 흘리는 행동이죠. 기사의 논조가 걱정되거나 진짜 친한 기자를 챙겨주기 위한 행동일 수 있겠으나, 애써 취재한 단독을 한순간에 남에게 빼앗기는 기자의 마음은 어떨까요?

일종의 상도덕에 위배되는 행위로 일을 하루 이틀만 하고 그만둘 게 아니라면 업계 기자를 굳이 적으로 만들 필요는 없습니다. 이런 일은 왕왕 있습니다. 저 역시도 두세 번 겪었던 일이니까요. 물론 이런 상황에서 홍보 직원은 "우연히 내가 확인 작업을 하는 사이 다른 기자가 기사를 써버린 것"이라고 발뺌하면 그만이지만 그런 변명을 곧이곧대로 믿을 순진한 기자는 없습니다.

이런 봉변을 당한 기자는 해당 홍보인에게 불신이 생깁니다. 홍보 직원과의 사이에서 신뢰가 사라지면 더 큰 이슈나 회사 이미지에 악영향을 끼칠 수 있는 단독이 생겼을 때 확인이나 소명 과정 없이 기사를 내는 상황도 충분히 생길 수 있습니다. 작은 것을 탐하려다가 큰 것을 잃을 수 있는 상황이 벌어질 수 있다는 말이지요. 단독 기사를 위해 애썼을 기자의 노력을 존중해주세요.

6

안에서 새는 바가지, 안에서 해결하세요

스타의 결혼 소식은 당사자에게도, 이를 보도하는 기자에게도 참 좋은 일입니다. 불미스러운 사건에 연루됐거나 결혼과 관련해 또 다른 이슈가 있지 않다면요.

몇 년 전 모 여배우가 결혼을 준비하고 있다는 제보를 받았습니다. 강남의 한 스튜디오에서 웨딩 촬영을 했다고요. 상대 남성은 연예인은 아니지만 이름만 대면 알 만한 유명인이었습니다. 열애설조차 나지 않았던 상황이라 소속사 홍보팀을 통해 사실 여부부터 확인해야 했습니다.

"죄송하지만 확인해보고 알려드리겠습니다."

구태의연한 표현이지만 기자가 사실을 확인할 때 가장 먼저 듣게 되는 말입니다. 당연한 말이기도 합니다. 소속 연예인 관련 이슈가 발생했을 때 이를 어떤 식으로 전달할지 내부 논의를 거쳐야 실수를 줄일 수 있으니까요. 때에 따라서는 친분 있는 기자들의 원성을 사지 않기 위해 '공평한' 전달도 고려해야 하기 때문이기도 하지요.

그러나 이 소속사의 홍보팀장은 조금 달랐습니다. "정말 배우 ○○○ 씨가 결혼한다고 하던가요?"라고 되물었기 때문이죠. 내부 소통이 원활하지 않다는 느낌을 받기는 했지만, 여기까지는 이해할 수 있었습니다. 홍보팀 직원이 소속 배우들의 사생활을 모두 알 필요도 없고, 배우가 의도적으로 숨긴 사안에 대해 캐묻지 않는 이상 알 도리가 없었을 테니까요.

서너 시간 뒤 홍보팀은 단체 메일로 해당 배우의 결혼 소식을 알렸습니다. 뜻밖의 경로로 알게 된 이슈를 처리하느라 정신이 없었겠죠. 먼저 전화를 걸었던 기자에게 응답을 줄 시간이 없을 만큼 말입니다. 이 부분도 어느 정도는 감내했습니다. '단독'을 놓쳤다는 쓸쓸함은 남았지만, 받은 사진을 추가해 준비했던 기사를 완성해 송고했습니다. 평소 미니시리즈와 주말 연속극 등에서 좋은 이미지를 남긴 덕에 그녀의 결혼 기사에는 대체로 축하 메시지가 이어졌습니다. 그때까지만 해도 그렇게 이 결혼 뉴스가 훈훈하게 일단락되는 줄 알았습니다. 적어도 퇴근 후 밤 10시 20분 한 통의 전화를 받기 전까지는 말이지요.

"저기요, 우리 배우 결혼 기사 사진 중에 그거(특정 사진) 당장 빼줘요!"

귀를 의심했습니다. 오전에 저와 통화를 했던 바로 그 홍보팀장이었습니다. 처음에는 예의를 갖춰 "기사를 내리려면 그에 합당한 이유와 절차가 필요하다"라고 답변했습니다. 그러나 그는 "그런 건 잘 모르겠고, 그냥 빼달라"라고 막무가내로 우겨대며 앞도 뒤도 없이 앵무새처럼 같은 말만 반복했습니다.

이쯤 되니 저도 슬슬 화가 났습니다. 애써 감정을 누르고 "혹 기사에 잘못된 사실이 기재됐거나 이로 인해 누군가 피해를 보는 상황이 발생했느냐"라고 되물었습니다. 그러자 "우리 배우가 보정 전 사진이 노출되는 게 싫다잖아. 그냥 좀 내려요. 다른 기자들은 순순히 잘만 내려주던데 왜 혼자 이렇게 까탈스럽게 굴어요?"라고 말하는 것이었습니다.

결혼 관련 보도는 소속사의 입장에서는 촌각을 다투는 내용이 아닙니다. 어떤 사진을 배포할지 논의할 시간도 충분했고, 결정적으로 소속사의 공식 이메일을 통해 전달된 자료였습니다. 그러나 본인들의 잘못을 인정하지 않고 공격적으로 나오는 모습을 보고 있자니 '적반하장'이라는 사자성어가 떠올랐습니다.

막무가내식의 일 처리도 모자라 "너 같은 기자 여럿 봤는데 결국 별것 없더라", "너희 부모는 사회생활을 그렇게 가르쳤구나", "기자 네가 뭔데! 벼슬이냐?" 등등 반말과 인신공격도 마다하지 않았습니다. 이름만 들으면 알 만한 엔터테인먼트 회사의 한 부서를 대표하는 분이었는데 말이죠. 더는 대화를 이어갈 이유가 없어서 전화를 끊었습니다. 데스크에 자초지종을 설명하고 기사를 내리지 않겠다는 의사도 전달했습니다.

그러자 이번에는 문자 폭탄이 쏟아졌습니다. 욕설과 폭언이 반복됐습니다. 자정까지요.

누가 봐도 아름다운 신부의 사진이었고, 행복함이 묻어나는 신부의 표정이었습니다. 왜 이렇게 극단적인 결과를 자초할까 하는 의문이 들었습니다. 결국 그 홍보팀장은 새벽 2시에 이런 문자를 남겼습니다.

"결혼 준비로 예민해진 배우의 행동에 순간적으로 스트레스를 받았습니다. 그래서 하지 말아야 할 행동을 한 것 같군요. 그러니 사진을 제발 좀 내려줘요."

사과 없는 변명만을 남기던 그는 결국 업계를 떠났습니다. 그리고 그가 그렇게 보호하려 했던 배우는 여전히 왕성하게 활동 중입니다. 그 연예인을 볼 때마다 '예민했던' 배우의 모습을 상상하게 됩니다.

7

좁디좁은 업계
발 없는 말이 천 리 갑니다

아무리 매체가 늘고 기자가 많아졌다고 해도 한 다리 건너면 다 아는 좁은 업계입니다. 좋은 일이든 나쁜 일이든, 기자들 사이에서 어떤 일이 생기면 순식간에 퍼지기 마련이죠. 어떤 사회생활이든 마찬가지겠지만 되도록 구설에 오르지 않도록 조심해야 합니다.

이런 일들이 쌓이면 이직 평판 조회 때 발목이 잡혀 원하는 회사에 입사하지 못하는 불리한 일이 생길 수 있습니다. 실제로 일을 하다 보면 기자나 홍보 직원에 대한 평판을 묻는 연락을 꽤 받습니다. 앞서 언급했던 인터뷰를 할 때 자꾸 끼어들던 홍보 직원의 품평 조회가 들어온 적이 있습니다. 사람을 들이는 중요한 일이니만큼 신중히 응대하면서도 경험한 일을 있는 그대로 말씀드릴 수밖에 없었습니다.

"명랑하나 도가 지나칠 때가 있다."

133

이 한마디가 그의 이직 가능 여부에 어떻게 작용했는지는 알 수 없습니다. 이는 기자도 마찬가지입니다. 경력직 기자를 선발할 때도 기자와 밀접하게 업무를 진행하는 홍보 직원들에게 평판 조회를 할 수 있습니다. 홍보 직원이나 업체에 갑질을 하거나 부당한 일을 요구하는 '문제 있는' 기자를 원하는 매체는 그 어디에도 없습니다.

6장

고수의

보도자료

Ⅰ. 제목, 잘 뽑는 방법

1. 한 줄 요약 훈련을 하세요

요즘 독자들은 즉각적이고 단순한 것을 좋아합니다. 그래서 제목이 더 중요합니다. 제목은 본문으로 들어가는 관문이기에 제목이 매력적이지 않으면 아무리 글을 잘 썼다고 해도 헛수고가 될 수 있습니다. 제목 잘 뽑는 것도 글쓰기 능력 중 하나입니다. 글에 담긴 모든 걸 표현하는 제목 짓기는 결코 쉬운 일이 아닙니다.

한 문장 안에 하고 싶은 이야기를 모두 담아야 하고, 읽는 이의 눈을 잡아끄는 매력도 있어야 합니다. 제목에는 여러 요소가 담겨야 하지만 가장 먼저 고려해야 하는 게 바로 요약입니다. 제목 한 줄 요약을 잘하기 위해서는 핵심 문장을 뽑고 그 문장을 15자에서 20자 정도로 압축합니다. 어렵지 않다면 또 10자 정도로 압축하는 법을 연습합니다. 그렇게 반복하다 보면 제목다운 제목을 뽑는 실력이 날로 향상될 것입니다.

2. 검색어에 적합한 핵심어를 반드시 넣으세요

제목 짓기의 핵심은 키워드입니다. 내가 알리고 싶은 내용을 한 단어로 떠올려보세요. 그런 다음 그 단어가 사람들의 이목을 끌 수 있는 단어인지, 다른 표현은 없는지 다시 한번 생각해봅니다. 현재 사람들이 가장 관심을 두는 이슈가 담긴 단어를 활용하면 포털사이트 검색어에 걸리기 쉽습니다. 그러면 더 많은 사람이 내 글을 볼 수 있는 기회를 얻게 되죠.

3. 완성도와 주목도를 높이세요

위에서 언급했듯 '키워드'와 '검색어'를 의식한 제목을 지었다면 80%는 달성했습니다. 나머지 20%는 기존 제목에다가 '...', '…' 같은 약물 부호를 써서 제목의 추가적인 내용이나 더 자세한 정보를 덧붙이는 것입니다. 이런 방법으로 제목의 완성도를 높이면 좀 더 독자들에게 친절하고 눈길을 끄는 제목으로 거듭날 수 있습니다.

II. 클리셰 표현, 이제는 버립시다!

이에 관련 자료를 송부드리니, 긍정적인 검토를 부탁드리겠습니다.

자세한 내용은 첨부 드리는 파일 확인 부탁드리며, 부디 긍정적인 검토 부탁드립니다 :)

자세한 내용은 보도자료와 같이 유첨드리며, 더 자세한 내용이 필요하시면 아래 주소로 연락 부탁드립니다.

→ 관련 보도자료를 (첨부파일로) 보냅니다. 긍정적인 검토 바랍니다.

"원고의 청구를 기각한다(안타깝지만 원고가 졌습니다)."

지난해 12월 서울행정법원 11부(재판장 강우찬)는 전체 판결문 12쪽 가운데 첫 4쪽을 어려운 법률 용어 대신 실생활에서 쓰는 용어로 쓰고 이해를 돕는 그림까지 삽입했습니다. 이는 청각장애인 원고 A 씨가 탄원서를 통해 "알기 쉬운 용어로 판결문을 써달라"라고 재판부에 요청한 데 따른 것입니다. 재판부는 "UN 장애인 권리협약 및 UN 권고 의견에 근거해 판결문의 엄밀성을 해치지 않는 범위 내에서 '이지 리드(Easy-Read, 단문 위주 문장 및 그림 등으로 내용을 이해하기 쉽도록 문서 등을 제작하는 방식) 방식'으로 최대한 쉽게 판결 이유를 작성하도록 노력했다"라고 밝힌 바 있습니다. 소송 당사자인 장애인을 위한 움직임이지만, 저도 큰 도움을 받고 있다는 말씀을 드리고 싶습니다.

간혹 유서 깊은 전통을 가진 회사나 홍보대행사에서 보내는 자료 중에 묵직하고 고루한 인사말과 함께 과도한 한자어 문안 인사로 시작되는 이메일을 받곤 합니다.

가장 흔하게 쓰이는 용어가 별도의 자료 파일을 함께 보내는 경우를 일컫는 '첨부', '유첨', '별첨' 등일 겁니다. 요즘은 첨부파일을 열어보는 수고를 줄이고자 보도자료 내용을 이메일 본문에 게재하는 경우가 대부분입니다만, 각종 문서 유형별 첨부파일을 보내는 것은 상식처럼 되어 있죠.

'직장인 꿀팁'이라는 제목을 단 어느 블로그 포스팅을 보니 "회사에서 문서를 작성하실 때 별도의 문서나 파일을 추가할 경우, 사용할 용어를 고민하신다면 '붙임'이 가장 적절한 표현입니다"라고 쓰여 있더군요. 그리고 그다음 문장은 "물론 회사에서 관행적으로 사용하시는 용어가 있다면 그 관행을 따르시는 게 좋습니다. 왜냐하면 조직 생활이라는 게 ^^;;" 이모티콘에서 우린 참 많은 맥락을 읽을 수 있습니다. 아마도 회사 '윗분'으로부터 전해 내려오는 매뉴얼을 계승하기 때문이겠죠.

'첨부', '유첨', '별첨' 등은 본 문서 외에 별도의 자료를 더하거나 붙인다는 의미를 담고 있는 용어들입니다만, 그중 특히 유첨의 경우 표준국어대사전에도 없는 용어입니다. 정부에서 '붙임'으로 순화해서 사용하라는 권고가 있을 정도로 흔해졌지만요.

'첨부', '유첨', '별첨' 등을 두고 어느 것이 적당한 것일까 하고 고민할 이유가 없습니다. '별도 자료를 첨부파일로 보냅니다' 정도로 담백하게 쓰는 것이 좋습니다.

보도자료에서나 마주할 수 있는 용어 중 가장 매력 없는 것은 '성료(盛了)'라고 생각합니다. '성공리에 끝남'을 뜻하는 이 단어는 일상에서는 거의 쓰지도 않는 일본식 한자어일 뿐만 아니라 문장 자체도 고루해 보이게 만드는 마법의 단어입니다.

보통 성료는 국가적인 행사나 사활을 건 이벤트의 종료 소식을 알릴 때 씁니다. 별 잡음이나 문제 없이 성공적으로 마쳤다는 공지의 뜻을 담앉겠지만, 어쩐지 자화자찬의 냄새가 나는 건 어쩔 수 없습니다. 무엇보다 행사 예정을 알리는 자료라면 기사로서 정보의 가치가 있으나, 행사 종료 기사는 사실상 독자들에게는 정보로서의 가치가 거의 없습니다. 아마 친분이 있는 매체라거나 '성료'의 기미가 보이지 않던 위태로운 행사였다면 또 모를까요.

물론 성공적인 종료를 대외적으로 알리고 싶은 클라이언트나 윗분들의 의중을 모르는 바는 아닙니다. 이 경우 성공의 기록을 남길 만한 수치 등의 데이터가 있다거나, 행사의 유의미한 결과를 보여줄 수 있는 분석 혹은 참가자의 생생한 스토리텔링이 담긴 후기 등 충분히 매력적인 포맷을 갖춰서 보내면 도움이 될 듯합니다. 그것도 어렵다면 임팩트 있는 사진 한 장도 괜찮습니다.

최근 몇 년 동안 보도자료에서 흔하게 접하면서 의아했던 표현은 '○○○이 전개하는 ○○ 브랜드'였습니다. "○○○이 전개하는 친환경 라이프스타일 브랜드 ○○은 모월 모일, 성수동에 첫 매장을 오픈한다"라는 식으로요. '전개' 하면 소설 구성의 5단계 '발단→전개→위기→절정→결말'밖에 떠오르지 않는 기자로서는 일단 주변에 문의하기 시작했습니다. 그러나 기자나 홍보 담당자도 '다들 그렇게 쓰기 때문'이라는 답만 해주더군요. 과연 전개라는 표현은 어디서 온 것일까요.

역으로 '전개하다'라는 말을 어학사전에서 검색해 영어 표현을 찾으면 Conduct, Unfold, Expand, Development(ment)이 뜹니다. 펼친다는 의미의 두 단어를 제외하면, '지휘하다'라는 동사와 경영, 수행, 처리의 명사의 뜻을 가진 Conduct, 개발의 의미를 지닌 Develop이 유력해 보입니다. 디벨롭은 세우거나 만든다는 뜻을 가진 '구축'과도 상통하니까요.

그럼 이 표현이 언제부터 쓰였을까. 네이버 기사 검색을 해보니 이미 2000년 2월 한 경제신문 기사에서 사용하고 있었더군요. "이번 온라인 경매에 나오는 상품은 베스띠벨리, 씨, 비키, 아이엔비유, 지이크 등 신원이 전개하고 있는 유명 브랜드들이다." 해외 브랜드 유입으로 인한 본사 보도자료 번역에 따른 표현일 거라는 짐작과는 다른 결과였습니다. 당시 '전개하다'라는 동사는 보통 사업 전개, 캠페인 전개, 서비스 전개, 전략 전개 등과 대구(對句)를 이뤘습니다. 무엇보다 패션업계 기사에 집중됐다는 것도 특이했습니다. '미국 ○○○사와 라이선스 브랜드 전개' 와 같이요.

특정 브랜드를 운영한다는 현재 상황 외에 뭔가 '진전시켜 펴나가다' 라는 전개의 의미를 담고 싶은 취지는 이해합니다. 하지만 핵심 정보를 담아서 효과적으로 전달하고자 하는 게 보도자료의 본분인 만큼 더 명료한 표현을 쓰는 것이 효율적이지 않을까요? 브랜드를 운영하다, 이끈다는 정도로 담백하게 쓰기를 권합니다. 사실 이것도 필요 없기는 합니다. '애플이 전개하는 아이폰'보다는 '애플의 아이폰'이 훨씬 눈에 들어오지 않나요?

Ⅲ. 보도자료를 바로 쓰기 위한 5가지 요령

1. 일상에서 두루 쓰는 말이라도 '옳게' 쓰는 게 멋지다

오늘 아침 지상파 뉴스에서도 들은 애증의 단어, 바로 '역대급'입니다. 이제는 뉴스나 신문에서도 쓰는 용어가 되어버렸지만, 역대는 '대대로 이어 내려온 여러 대 또는 그동안'이라는 뜻으로 '역대 최대 규모', '역대 회장'으로는 쓸 수 있지만, '급'을 붙여서 쓸 수 없습니다. 하지만 제목의 분량상, 자료의 톤을 위해 정 써야 할 때에는 저희가 자주 쓰는 방법을 활용해보세요. 해당 단어에 작은따옴표로 인용 표기를 하는 겁니다. 내 안의 맞춤법 원리주의자는 이를 용납할 수 없지만, '역대급'이 요즘 활발하게 통용되는 단어라 하니 이번만은 이렇게 허하노라 하는 마음으로요. 기자들이 유행어나 신조어를 써야 할 때 자주 쓰는 방법입니다.

'먹방(Mukbang)'이 옥스퍼드 영어사전에 등재됐다고 합니다만, 그렇더라도 '먹는 방송을 일컫는 먹방'이라든지 SNS에서 서로 팔로우하는 '맞팔', 먼저 팔로우하는 것을 뜻하는 '선팔', 읽고 씹다의 줄임말인 '읽씹' 등의 단어는 가능한 한 쓰지 않는 것이 일종의 바른 언어를 쓰려는 이들의 고고한 마음이 아닐까요.

2. 업자들의 전문용어, 관에서 쓰는 행정용어는 쉽게 쓴다

한 액세서리 브랜드의 보도자료에 '파베 세팅'이라는 용어가 등장했습니다. 문장을 아무리 읽어도 파베 세팅이 어떤 것인지 가늠하기 어려웠습니다. 그래서 나만 모르고 다들 아는 용어인가 싶기도 했습니다. 맥락으로도 짐작할 수 없는 전문용어가 담긴 보도자료는 좋은 점수를 받기 힘듭니다. 특정 분야의 전문 잡지 기자라면 당연히 전문 지식에 능하겠지만, 이렇게 일반 대중을 상대로 하는 라이프 패션 관련 기사의 경우라면 곤란하겠지요. 막히는 용어가 나올 때마다 포털 검색을 하면서 '독자를 가르치는' 게 본업은 아니니까요.

검색해보니 웨딩밴드, 결혼반지를 사려는 분들에게는 익숙한 용어인 듯했습니다. 파베 세팅의 뜻은 한 주얼리 전문 블로그에서 찾을 수 있었습니다. "벽돌로 포장된 도로처럼 반지 겉면에 촘촘하게 다이아몬드를 세팅하는 것을 일컫는다"라는 설명이 있었습니다. 이 경우 보도자료에 용어의 어원이나 뜻을 별도로 표기할 필요는 없지만 "밴드 주위에 작은 다이아몬드를 줄이어 세팅하는 '파베 세팅'" 정도의 설명이 들어간다면 훨씬 가독성이 높아지겠죠.

일반 독자와 소비자에게 익숙하지 않은 단체나 기관, 협회 등의 명칭도 처음 등장할 때에는 전체 명칭과 함께 설명을 넣어주세요. 해당 업계에서는 이름만 들으면 다 아는 사람이라 할지라도 '우리 엄마'가 모를 수 있다면 소개는 필수입니다. 내가 보내는 보도자료가 항상 기자와 독자에게 가닿는다는 믿음은 환상에 가깝습니다. 지난번 보도자료에 충분히 설명했으니 이번에는 다시 설명하지 않아도 될 거라는 기대도 버리는 게 좋습니다. 생소한 단어는 매번 설명한다는 마음가짐으로 적어주세요.

3. 의존명사만 잘 다뤄도 신뢰도가 높아집니다

의존명사라니? 갑자기 머리가 아파집니다. 보도자료를 쓰는 데 이렇게까지 국어 공부를 해야 하나 싶으신가요? 뭐 저도 같은 생각입니다. 하지만 실적이나 수치, 기간 등을 다루는 '숫자'를 자주 쓰는 글인 만큼 의존명사만 잘 써도 아주 근사한 글이 됩니다.

일단 기본적으로 의존명사는 별도의 단어라 생각하고 띄어 쓴다는 걸 원칙으로 여기세요. "매년 봄이 시작될 즈음 열리는 본사 기획전의 할인 품목은 식품, 뷰티, 라이프, 레저 등 다양한 카테고리입니다. 1년 치의 생필품을 한 번에 구매할 기회입니다." 여기서 '즈음', '등', '치' 등이 의존명사입니다.

단위를 나타내는 말도 의존명사라고 보면 됩니다. 이십 킬로그램, 천 미터, 오 헥타르처럼 띄어 쓰면 됩니다. 한 시간, 두 가지, 세 마리, 네 대, 다섯 권, 일곱 살과 같은 단위도 띄어 씁니다. 기간을 나타내는 말도 띄어 씁니다. 열 시간, 사 일, 오 개월처럼요.

그런데 아라비아 숫자로 표기할 때에는 20kg/20킬로그램, 1,000m/1,000미터, 5ha/5헥타르 등으로 붙여서 씁니다. 또 차례를 나타내는 의존명사도 붙여 쓸 수 있습니다. '두시 삼십분, 삼학년, 이층'처럼요. 행사 관련 자료에 자주 등장하는 제1회 제2부 등을 쓸 때도 붙여 씁니다.

참고로 우리말의 띄어쓰기는 너무 어려워요. '띄어쓰기'는 붙여 쓰고 '띄어 씁니다'로 쓸 때에는 띄어 써야 하는 것만 봐도 난이도가 보통 수준을 뛰어넘습니다.

4. 자주 틀리는 상습 용어를 조심하세요

'삶과 고인의 명복을 빕니다', '이건 사생활 치매야. 명예회손으로 고소하겠어', '빨리 낳으세요. 어서 낫으시길 빕니다', '위험을 무릎쓰지 마', '무적권 달려갈 거야', '이 돈은 욕이나게 쓰겠습니다', '한 치 앞도 간음할 수 없다'.

온라인에 '맞춤법 파괴' 관련 글이 심심찮게 떠돌죠. 처음에는 재미 삼아 읽었는데 보다 보면 갑자기 등골이 서늘해지곤 합니다. 이게 웃고 넘어가는 유머 글이 아니라, 갑자기 다큐멘터리처럼 현실이 되니까요. 실제 그 용어를 쓰는 분들은 진지하거든요. 그럴 때마다 정색하고 바로 잡아줄 순 없는 일이잖아요. 요즘은 신종 맞춤법 파괴 사례가 업데이트 된다고 해도 일부러 피합니다. 눈에 익혔다가 언제고 저도 실수할 것 같기 때문입니다. 글밥을 먹는다는 기자임에도 '착잡하다'를 '찹찹하다'라고 써서 기사를 마감한 경우를 몇 차례 목격한 실제 사례도 있음을 밝힙니다. 맞춤법은 아무리 강조해도 지나치지 않아요. 그래서 까딱하다가는 정말 잘못 쓰기 쉬운 표기 몇 개를 짚어봅니다.

마치다, 맞추다, 맞히다 등도 틀리기 쉽습니다. 일을 끝내는 완료의 의미로는 '마치다'를, 뽀뽀와 같은 접촉의 상황에서는 '(입을) 맞추다'로, 주문 제작을 할 때에는 '(옷을) 맞추다'로 씁니다. 정답일 때나 화살이 과녁에 적중했을 때에는 '맞히다'가 맞습니다.

점수를 책정하거나 가격을 매길 때에는 '매기다'를 쓰고, 끈을 맬 때 '매다'를 씁니다. 어깨에 핸드백을 멜 때에는 '메다'를 씁니다.

장인이 열과 성을 바칠 때에는 '바치다', 뒤뚱거리는 의자에 뭔가를 괴어놓는 것은 '받치다', 길에서 자전거에 부딪히는 것은 '받히다', 체에 밀가루를 거르는 것은 '밭치다'를 씁니다.

운동경기에 출전한 선수가 부정적인 생각을 거두는 것은 '버리다'이고, 라이벌 선수보다 높은 점수를 받아 앞서가는 것은 '(점수 차를) 벌리다'로, 그래서 눈부신 경기를 전개하는 것은 '벌이다'입니다.

창립자의 뜻을 따르며 추구하는 것은 '좇다'이고, 숨 막히는 추격전을 벌이는 것은 '쫓다'를 씁니다.

설레이는 마음이 아니라 '설레는' 마음, 흡연은 삼가하는 것이 아니라 '삼가는' 것이고, 날이 개이는 것이 아니라 '개고', 낯선 길을 헤메이고 가 아니라 '헤메고'로 써야 하고, 추억을 되뇌이는 것이 아니라 '되뇌는' 것이 바른 표현이라는 것도 가끔은 되새겨볼 만합니다.

5. 믿을 수 없어요. 뒤통수를 강타하는 옳은 말!

2010년 개봉한 영화 <쩨쩨한 로맨스>. '째째한'이 맞는 줄 알았던 저는 정말 영화 제목을 틀리게 쓴 줄 알았어요. 너무 적거나 하찮아서 시시하고 신통치 않다, 사람이 잘고 인색하다는 뜻의 '쩨쩨하다'라는 말이 옳은 표기입니다. 이렇게 가끔은 제대로 쓴다고 생각하며 살았던 지난 세월을 반추하게 하는 의외의 표준어를 발견하고는 화들짝 놀랍니다. 그런 우리말을 좀 알아보죠.

"올해 시상식은 예년보다 넓직한 공간에서 치르기로 했다."

아무리 눈을 씻고 봐도 틀린 곳이 없어 보이는 이 문장에 왜 빨간 줄이 쳐지는 걸까요. '꽤 넓은'이라는 뜻의 표준어는 넓직하다가 아닌 '널찍하다'이기 때문입니다. 유의어로 '널따랗다'가 있습니다. 겹받침의 끝소리가 드러나지 아니하는 '널따랗다'와 같은 경우에는 소리대로 적는 게 옳다고 합니다. 암만 봐도 넓다랗다가 모범생처럼 맞는 표기 같지만 말입니다. 이럴 땐 무조건 외워야 합니다.

이렇게 강제 주입해야 하는 단어가 또 있죠. '내로라하다'라는 말입니다. 어떤 분야를 대표할 만하다는 뜻을 가진 이 단어는 '내놓으라 하는' 혹은 '내노라하는'과 헷갈리면 안 됩니다.

배우신 분들도 자주 틀리는 것 중 하나가 '사사하다(師事하다)'입니다. 스승으로 섬기다 또는 스승으로 삼고 가르침을 받는다는 뜻을 이미 담고 있으므로 '김 교수님께 사사받은'이 아니라 '김 교수님께 사사한'이라고 쓰는 게 맞습니다.

음식 관련 보도자료에서 틀리기 쉬운 표현이 돋우다와 돋구다입니다. "봄나물이 입맛을 돋구다"가 아니라 '돋우다'가 맞습니다. 그래도 이 경우에는 정말 구분이 쉽습니다. '돋구다'에는 '안경의 도수 따위를 높게 하다'라는 의미만 있기 때문입니다. 입맛이나 사기를 올리는 것은 '돋우다'로 쓰면 됩니다.

IV. 사이시옷 바로 쓰기

표준국어대사전에서 사이시옷을 검색하면 "한글 맞춤법에서, 사잇소리 현상이 나타났을 때 쓰는 'ㅅ'의 이름. 순우리말 또는 순우리말과 한자어로 된 합성어 가운데 앞말이 모음으로 끝날 때 뒷말의 첫소리가 된소리로 나거나, 뒷말의 첫소리 'ㄴ', 'ㅁ' 앞에서 'ㄴ' 소리가 덧나거나, 뒷말의 첫소리 모음 앞에서 'ㄴㄴ' 소리가 덧나는 것 따위에 받치어 적는다. '아랫방', '아랫니', '나뭇잎' 따위가 있다"라고 정의하고 있습니다.

보도자료뿐만 아니라 도로의 간판이나 식당 메뉴판에서 무수히 잘못 쓰인 사이시옷을 확인할 수 있습니다. 북어국이 아니라 '북엇국', 소고

기무국이 아니라 '소고기뭇국', 선지국이 아니라 '선짓국'이 옳은 표기거든요. 입에 익은말이 다르고, 심지어 미적으로 사이시옷이 없는 것이 깔끔해 보일 수 있어요. 무엇보다 어렵다는 인식이 강해서 사이시옷을 폐지하자는 주장도 있는 것으로 압니다.

음식 관련 자료를 쓰는 분들은 난감한 경우가 꽤 많을 거예요. 실제 업계에서 쓰는 재료의 이름과 표기법이 다른 경우가 너무나 많으니까요. 게다가 각종 합성어는 나날이 증식하잖아요. 이때 기본 원칙만 알고 써도 한결 매끄러운 글을 쓸 수 있을 거예요.

그러면 사이시옷의 기본 조건부터 알아볼게요. 뒷말의 첫 글자가 된소리(ㄲ, ㄸ, ㅃ, ㅆ, ㅉ)나 거센소리(ㅊ, ㅋ, ㅌ, ㅍ)로 표기될 때에는 사이시옷을 넣지 않습니다. 어느 기자가 계속 아찔하다고 하는 '뒤태'(뒷태 X)가 맞고, 뒤통수(뒷통수 X)를 조심하는 것이 옳습니다.

두 번째 조건은 한자어와 한자어의 합성어에는 사이시옷을 넣지 않습니다. 이때는 병원을 기억하세요. 칫과가 아니라 '치과', 이비인홋과가 아닌 '이비인후과'가 맞으니까요. 또 병(病), 증(症) 등도 한자 합성어가 많은 만큼 사이시옷을 넣지 않는 경우가 많아요. 속 터져서 병원을 찾는 '화병(火病)'이 홧병이 아닌 것과 같아요. 단, 여기에는 예외로 두는 여섯 개의 단어가 있습니다. 찻간, 셋방, 툇간, 곳간, 횟수, 숫자입니다. 이중 횟수와 숫자는 자주 사용하는 만큼 잊을 수가 없겠죠.

세 번째로 외래어가 포함된 합성어에도 사이시옷을 넣지 않습니다.

'커피집'을 커핏집, '파스타집'을 파스탓집이라고 쓰지 않죠.

네 번째로 뒷말 첫소리 모음 앞에서 'ㄴ ㄴ' 소리가 덧날 때에는 사이시옷을 넣어줍니다. 나무+잎은 나문닙으로 발음되므로 나뭇잎이라고 써줍니다. 예사+일 역시 예산닐로 읽히니 예삿일로 쓰면 됩니다.

다섯 번째로 합성어 뒤에 오는 단어의 첫소리가 된소리로 발음될 때 사이시옷을 넣어주면 됩니다. 기자들이 입에 달고 사는 기사거리의 바른 표기는 '기삿거리'입니다. 순대국이 아니라 '순댓국', 연두빛이 아니라 '연둣빛', 공기밥이 아닌 '공깃밥', 꼭지점이 아닌 '꼭짓점'이 맞습니다. <하버드 대학의 공부벌레들>이 아니라 '하버드 대학의 공붓벌레들'이 옳은 표기입니다. 이 드라마를 언급하다니, 제가 너무 옛날 사람 같나요? 다음은 사이시옷을 바로 쓸 수 있도록 정리를 해보았습니다.

1. 순우리말로 된 합성어

갈댓잎	콧날	잇몸	아랫마을
깃대	핏빛	길갓집	윗니
나뭇잎	갯값	킷값	잇자국
도리깻열	깻묵	햇볕	국숫집
뒷윷	나잇값	고깃국	텃마당
머릿기름	두렛일	깻잎	허드렛일
부싯돌	뒷일	냇물	근댓국

뼛속	멧나물	뒷갈망	나뭇가지
쇳조각	빗물	뒷입맛	댓가지
욧잇	샛길	모깃불	뒷머리
윗집	순댓국	뼛가루	맷돌
조갯살	우렁잇속	소릿값	못자리
뼛골	윗마을	잿더미	혓바늘
쇳가루	아랫집	쳇바퀴	핏대

2. 순우리말과 한자어로 된 합성어 또는 한자어와 순우리말로 된 합성어

가욋일	곗날	귓병	김칫국
도맷값	등굣길	뱃병	복둣
봇물	사삿일	사잣밥	샛강
세뱃값	세뱃돈	소맷값	수돗물
시곗바늘	아랫방	두붓물	연둣빛
예삿일	우윗빛	자릿세	장밋빛
전셋집	절댓값	제삿날	존댓말
죗값	촛국	최댓값	최솟값
콧병	탯줄	텃세	툇마루
푯말	핏기	하굣길	햇수
횟가루	훗날		

3. 두 음절로 된 다음의 한자어

곳간, 셋방, 숫자, 찻간, 툇간, 횟수

이 여섯 단어 외에는 한자어에 사이시옷을 받쳐 적지 않는다.

예) 잇점(X), 댓가(X), 헛점(X), 갯수(X), 숫적(X), 촛점(X), 시가(X)
→ 이점, 대가, 허점, 개수, 수적, 초점, 시가로 써야 한다. 양, 염소,
쥐(숫양, 숫염소, 숫쥐) 외 수캐, 수탉

V. 잘 틀리는 맞춤법과 혼동되는 표현들

1. 틀리기 쉬운 단어를 모아봤어요

신제품은 **개발** / 재능은 **계발**

기록은 **경신** / 비자는 **갱신**

카드는 **결제** / 부장님은 **결재**

재주가 뛰어난 젊은 여자는 **재원** / 남자는 **재자**

덧붙이면 **부가** / 세금은 **부과**

탈 났으면 **사달** / 단서는 **사단**

인사를 여쭤볼 땐 **문안** / 흠잡을 게 없으면 **무난**

물건을 파는 행위는 **장사** / 파는 사람은 **장수**

다시 생각해 **재고** / 수준을 올려보자 **제고**

부동산과 소개팅 주선은 **중개** / TV 현장은 **중계**

기술자는 **장이** / 특정 속성을 말하면 **쟁이**

간접 증거는 **방증** / 반대로 증명하면 **반증**

연기하는 건 **출연** / 늑대가 나타나면 **출현**

목표로 삼는 것은 **지향** / 하지 않는 것은 **지양**

사실의 경우는 **실제** / 실제로 존재하면 **실재**

사랑하면 **연애** / 대중 앞에 나서면 **연예**

꽃은 **피다** / 담배와 바람은 **피우다**

여름의 태양은 **작열** / 포탄이 터지면 **작렬**

사실을 캐어물으면 **신문** / 자세히 따져 물으면 **심문**

해결하자면 **타개** / 인간계를 떠나신 분 **타계**

앞 단어 끝 글자 받침이 없거나 ㄴ 받침이면 ○○**율** / 나머지는 ○○**률**

하나의 링은 **반지** / 두 개 이상이어야 **가락지**

달콤한 음료는 **식혜** / 명태와 가자미를 삭힌 건 **식해**

알로 만든 **명란젓** / 창자로 만든 **창난젓**

물건이 다 팔리고 없으면 **품절** / 구하기 어려우면 **품귀**

눈이 부시면 **햇빛** / 따뜻하면 **햇볕**

만두 속에 넣는 재료는 **만두소** / 거죽이 되는 밀가루 반대기는 **만두피**

날콩이나 물고기, 동물 피의 냄새는 **비린내** / 짐승 고기의 기름기 냄새는
누린내

어떤 수나 양을 두 번 합한 만큼은 **갑절** / '세 배', '네 배'로 죽 늘어날 때에

는 ○곱절

걱정하는 마음은 **괘념** / 사물이나 현상에 대한 지식은 **개념**

슬며시 힘 줄 때 **지그시** / 나이가 들어 보이면 **지긋이**

절대, 전혀 하지 않아 **일절** / 모두 다 갖춰서 **일체**

우그러지게 하는 건 **욱이다** / 억지를 부리며 **우기다**

흥분해서 나오는 침은 **게거품** / 작고 허술한 건 **게딱지**

남이 너그러이 받아주길 구하는 것은 **양해** / 내가 받아들여주는 것은 **이해**

어떤 물건을 내주면 **제공** / 성의 표시나 축하의 의미로 주면 **증정**

명절은 **쇠다** / 명절을 기다리며 날짜를 **세다**

2. 혼동하기 쉬운 표현을 모아봤어요

〈 ㄱ 〉

~건대와 ~컨대

~건대: 보건대, 생각건대, 듣건대

~컨대: 예컨대, 청컨대

가늠과 가름과 갈음

가늠하다: (기준 잡다) 떡 반죽도 가늠을 알맞게 해야 송편을 빚기가 좋다.

가름하다: (가르다) 승패를 가름하다.

갈음하다: (대신하다) 이 말씀으로 축사를 갈음합니다.

가르치다와 가리키다

가르치다: 그는 그녀에게 노래를 가르쳤다.

가리키다: 손가락으로 달을 가리켰다.

가진과 갖은

가진: 공을 가진 송태섭

갖은: 갖은양념을 다 넣은 찌개

가죽과 거죽

가죽: 호랑이는 가죽을 남긴다.

거죽: 책 거죽이 비에 젖었지만, 내지는 멀쩡하다.

강수량과 강우량

강수량: 비, 눈, 우박 따위가 지상에 내린 것을 모두 합한 분량(단위 mm)

강우량: 일정 장소에 일정 기간 내린 비의 분량(단위 mm)

같잖다와 같지 않다

같잖다: 그런 같잖은 일로 입씨름할 필요가 없다.

같지 않다: 오늘 날씨가 어제 같지 않다.

거두다와 걷다

거두다: 곡식을 거두다.

걷다: 곡식을 걷다. 모기장을 걷다.

거스르다와 거슬리다

거스르다: 어른 말씀을 거스르지 마라. 잔돈을 거슬러 받는다.

거슬리다: 귀에 거슬리는 말

거치다와 걷히다

거치다: 마을을 거쳐 갔다.

걷히다: 구름이 걷혔다. 돈이 걷히지 않는다.

결단과 결딴

결단: 결단을 내리다.

결딴: 이제는 집안을 결딴내려고 한다.

굳다와 궂다

굳다: 의지가 굳다.

궂다: 날씨가 궂다.

그러고와 그리고

그러고: 밥을 먹었다. 그러고 나서 이를 닦았다.

그리고: 그는 자리에서 일어났다. 그리고 창문을 열었다.

금새와 금세와 금시

금새: 물건을 사고팔기 전에 금새를 알아보다.

금세: 소문이 금세 퍼졌다.

금시: (바로 지금) 금시에 할 일과 나중에 할 일

깍듯이와 깎듯이

깍듯이: 깍듯이 인사하는 사람

깎듯이: 그는 재래시장에서 물건값 깎듯이 백화점에서도 값을 깎아달
　　　라고 한다.

깜작과 깜짝

깜작: 누가 무슨 짓을 하든 외눈 하나 깜작 안 한다.

깜짝: 큰 소리에 깜짝 놀랐다. 누가 무슨 짓을 하든 외눈 하나 깜짝 안 한다.

깨다와 깨이다

깨다: 알에서 깬 병아리. 술이 깨다.

깨이다: 와장창하는 소리에 잠에서 깨이었다.

껍데기와 껍질

껍데기: 굴 껍데기

껍질: 사과 껍질

꼬리와 꽁무니와 꽁지

꼬리: 개가 꼬리를 흔든다.

꽁무니: 새가 꽁무니를 높이 쳐든다.

꽁지: 꽁지가 빠지게 도망쳤다.

꼽다와 꽂다

꼽다: 전쟁의 고통으로 굶주림을 꼽았다.

꽂다: 책꽂이에 책을 꽂는다. 비녀를 머리에 꽂다.

〈 ㄴ 〉

나가다와 나아가다

나가다: 밖으로 나가다.

나아가다: 관직에 나아가다. 우리가 나아갈 방향

나발과 나팔

나발: 군중 속에서 나발을 불며 호령한다. 사기를 당했다고 나발 불었다.

나팔: 악단에서 나팔을 분다.

날아가다와 날라가다

날아가다: 비행기가 하늘을 날아가다.

날라 가다: 이삿짐을 날라 가다.

너머와 넘어

너머: 고개 너머에 있는 마을

넘어: 고개를 넘어 마을로 가다.

늘다와 늘이다와 늘리다

늘다: 실력이 늘다.

늘이다: 고무줄을 늘이다.

늘리다: 살림을 늘리다. 재산을 늘리다.

〈 ㄷ 〉

다르다와 틀리다

다르다: 살아온 환경이 서로 다르다.

틀리다: 그건 틀린 생각이다. 계산이 틀리다.

담다와 담그다

담다: 휴지를 쓰레기통에 담다.

담그다: 김치를 담그다. 대야에 발을 담그다.

닻과 돛

닻: 닻을 올리다. 닻을 주다.

돛: 순풍에 돛을 달다.

~던지와 ~든지

~던지: 얼마나 반갑던지 눈물이 나왔다(회상). 어찌나 좋았던지.

~든지: 하든지 말든지 난 몰라(선택). 사과든지 배든지 알아서 사 와.

덩어리와 덩이

덩어리: 찬밥 덩어리. 심술덩어리

덩이: 먼지가 덩이로 굳어졌다. 덩이를 이룬 꽃술

덮이다와 덮치다

덮이다: 눈으로 덮인 산

덮치다: 파도가 덮치다. 독수리가 병아리를 덮치다.

돋우다와 돋구다

돋우다: 입맛을 돋우다. 용기를 돋우다.

돋구다: 안경 도수를 돋구다.

두껍다와 두텁다

두껍나: 책이 두껍다. 안개가 두껍게 깔리다.

두텁다: 두터운 교분. 우정이 두텁다.

두드리다와 두들기다

두드리다: 창문을 두드리는 달빛

두들기다: 그놈을 흠씬 두들겨주었다.

뒤처지다와 뒤쳐지다

뒤처지다: 시대의 변화에 뒤처지다.

뒤쳐지다: 바람에 덮개가 뒤쳐지다.

드러내다와 들어내다

드러내다: 속마음을 드러내다. 모습을 드러내다.

들어내다: 이삿짐을 마당으로 들어내다.

드리다와 들이다

드리다: 기도를 드리다. 방을 따로 드리다. 축하를 드리다.

들이다: 공을 들이다. 고기 맛을 들이다. 가정부를 들이다.

들이켜다와 들이키다

들이켜: 술잔을 단숨에 들이켰다. 냉수 한 대접을 들이켰다.

들이키다: 화분을 거실로 들이키다.

띠다와 띄다

띠다: 허리띠를 띠다. 사명을 띠다. 미소를 띠다.

띄다: 귀가 번쩍 띄는 이야기. 눈에 띄다. 띄어쓰기

〈 ㄹ 〉

~라야와 ~래야와 ~려야

~라야: 너라야 해낼 수 있다. 미성년자가 아니라야 한다.

~래야: 월급이래야 쥐꼬리만 하다.

~려야: 가려야 갈 수 없는 머나먼 고향

~로서와 ~로써

~로서: (신분, 자격) 사람으로서 그럴 수가 있나.

~로써: (수단) 의협과 용기로써 대처하라.

〈 ㅁ 〉

마라와 말라

마라: (구어체나 직접 인용) "가지 마라!" 하며 애원했다.

말라: (문어체나 간접 인용) 가지 말라고 애원했다.

마치다와 맞추다와 맞히다

마치다: (완료) 일을 마치다.

맞추다: (접촉) 입을 맞추다. (주문) 옷을 맞추다.

맞히다: (적중) 과녁을 맞히다. 정답을 맞히다.

매다와 메다

매다: 나무에 끈을 매다. 옷고름을 매다.

메다: 가방을 어깨에 메다. 가슴이 메어 말이 안 나왔다.

모사와 묘사

모사: 성대모사

묘사: 심리묘사, 성격묘사

목돈과 몫 돈

목돈: 목돈이 들다. 목돈을 챙겨 달아났다.

몫 돈: 나누어 가질 분담금. 한몫의 비교적 많은 돈.

몹쓸과 못쓸과 못 쓸

몹쓸: 몹쓸 병마에 10년을 시달렸다. 몹쓸 짓

못쓸: 무엇이든 지나치면 못쓴다.

못 쓸: 쿠폰을 못 쓸 뻔했다.

미처와 미쳐

미처: 그런 사람인 줄 예전에 미처 몰랐다.

미쳐: 사랑이 온 누리에 미쳐 세상이 환해졌다.

〈 ㅂ 〉

~배기와 ~박이

~배기: 나이를 나타낼 때 쓰이는 말. 다섯 살배기

~박이: 점 따위가 박힌 것. 외눈박이 물고기의 사랑

바치다와 받치다와 받히다와 밭치다

바치다: 웃어른께 정성을 바치다.

받치다: 기둥을 받치다. 우산을 받치다.

받히다: 소한테 받히다. 자동차에 받혀 크게 다쳤다.

밭치다: 술을 체에 밭치다. 체에 밭쳐 물기를 뺀다.

박이다와 박히다

박이다: 굳은살 박인 손

박히다: 벽에 박힌 못. 틀에 박힌 직장 생활. 주근깨 박힌 얼굴

반드시와 반듯이

반드시: (꼭) 내일까지 반드시 돌려줘야 한다.

반듯이: (가지런히) 댓돌 위에 신발을 반듯이 놓는다.

반증과 방증과 입증

반증: (부정하는 증거) 허위 보도라는 게 반증이 됐다.

방증: (간접적인 증거) 방증 자료를 수집한다.

입증: (증명) 알리바이를 입증했다.

밭떼기와 밭뙈기

밭떼기: 무를 밭떼기로 샀다.

밭뙈기: 손바닥만 한 밭뙈기에 농사를 짓는다.

배상과 보상

배상: (남에게 입힌 손해를 보상하는 일) 가해자가 피해자에게 손해를 배상하고 용서를 빌었다.

보상: (남의 손해를 메워 갚아줌. 적법 행위로 가해진 재산상의 손실을 보전하고자 제공되는 대상) 그는 보상을 약속하고 그녀에게 사업 자금을 빌려 갔다. 피해가 보상된다.

버리다와 벌리다와 벌이다

버리다: (내던져 없애다) 나쁜 생각을 버려라.

벌리다: (사이를 넓히다) 다리를 벌리다.

벌이다: 촛불 잔치를 벌이다. 싸움을 벌이다.

봉오리와 봉우리

봉오리: 꽃봉오리의 준말

봉우리: 산봉우리의 준말

부수다와 부시다

부수다: 흙덩이를 잘게 부수다. 문을 부수고 들어가다.

부시다: 햇빛에 눈이 부시어 눈을 못 뜨다.

부치다와 붙이다

부치다: 힘에 부치는 일. 부채를 부친다. 소포를 부친다. 빈대떡을 부치
다. 불문에 부치다. 경매에 부치다.

붙이다: 종이를 붙이다. 흥정을 붙이다. 불을 붙이다. 조수를 붙이다. 취
미를 붙이다. 이름을 붙이다. 따귀를 올려붙였다.

비추다와 비치다

비추다: 손전등을 비추다. 거울에 얼굴을 비추다. 상식에 비추어 생각해
보자.

비치다: 어둠 속에 달빛이 비치다. 난감해하는 기색이 비치다. 가래에 피
가 비치다. 입후보할 의향을 비치다.

뺏다와 뺐다

뺏다: 어머니 손에서 장바구니를 뺏어 들었다. 남의 물건을 뺏다.

뺐다: 책꽂이에서 책을 뺐다.

〈 ㅅ 〉

사뭇과 자못

사뭇: (내내 끝까지) 한 달간 사뭇 바빴다. 예상과는 사뭇 다르다. 사뭇
     놀랐다.

자못: (생각보다 매우, 퍽) 그 일은 자못 어렵다. 언동이 자못 불쾌하다.

삭이다와 삭히다

삭이다: 음식을 삭이다(소화하다). 분을 삭이다.

삭히다: 삭힌 홍어. 김치, 멸치젓을 삭히다.

산림과 삼림

산림: 산과 숲 또는 산에 있는 숲. 산림보호

삼림: 나무가 많이 우거진 곳. 삼림이 울창하다.

식해와 식혜

식해: (생선젓) 가자미식해

식혜: (단술, 감주) 제사상에 올릴 식혜

싸이다와 쌓이다

싸이다: 보자기에 싸인 음식. 안개에 싸인 마을. 신비에 싸인 원시림. 건
　　　물이 불길에 싸이다.

쌓이다: 십 년 동안 쌓인 경험. 먼지가 쌓이다.

〈 ㅇ 〉

아구와 아귀

아구: 아구를 내다.

아귀: 아귀가 맞다. 아귀가 무르다. 아귀찜

아는 체와 알은체

아는 체: 모르는 것을 아는 듯이 거짓으로 꾸미다.

알은체: 어떤 일에 관심을 가지는 듯한 태도를 보이다. 사람을 보고 인사
　　　하는 듯한 표정을 짓다.

아둔과 어둔

아둔: 둔하고 어리석다. 그 녀석은 너무 아둔하다.

어둔: 말이 어둔하여 듣기에 갑갑하다.

안과 않

안: (아니의 준말) 안 벌고 안 쓴다.

않: (아니하의 준말) 어둡지 않다.

169

안치다와 앉히다

안치다: 밥을 안치다.

앉히다: 의자에 앉히다. 화덕에 솥을 앉히다.

알갱이와 알맹이

알갱이: (낟알) 보리 알갱이. 쌀 몇 알갱이

알맹이: (껍질을 벗기고 남은 속) 껍질은 버리고 알맹이만 먹었다.

애끊다와 애끓다

애끊다: (몹시 슬프다) 애끊는 통곡

애끓다: (몹시 답답하고 안타깝다) 애끓는 이별

어느와 여느

어느: 주량이 어느 정도나 되시나요?

여느: 그들도 여느 가족처럼 오순도순 살고 있다.

어르다와 으르다

어르다: (구슬리다) 아기를 어르다. 고양이를 어르다.

으르다: (위협하다) 도둑이 칼을 들고 집주인을 으르고 있다.

얽히다와 엉기다와 엉키다

얽히다: 연줄이 나뭇가지에 얽혀 있다. 여러 사람의 의견이 얽혔다. 청포
도에 얽힌 사연

엉기다: 피가 엉기지 않고 출혈이 계속된다. 아이들이 엉겨서 장난을 쳤다.

엉키다: 엉클어진 머리카락을 가다듬는다. 실이 엉키다.

여위다와 여의다

여위다: 수척해지거나 가난해지다. 여윈 몸. 여윈 살림

여의다: 사별하거나 멀리 떠나보냈다. 일찍 부모를 여의다.

예와 옛

예: (명사로 지난날) 예나 지금이나. 예부터 전해오는 말

옛: (관형사로 지나간 때의) 옛 자취, 옛 추억, 옛 친구

오들오들과 오돌오돌

오들오들: 심하게 떠는 모양. 겁에 질려 오들오들 떨다.

오돌오돌: 깨물기에 조금 단단한 상태. 팥이 오돌오돌 덜 삶아졌다.

용트림과 용틀임

용트림: (거들먹거리느라 일부러 하는 트림) 미꾸라짓국 먹고 용트림한다.

용틀임: (용의 모양을 틀어 새긴 장식) 용틀임이 눈부신 곤룡포. (이리저
리 비틀거나 꼬면서 움직임) 용틀임을 한 느티나무

우기다와 욱이다

우기다: (고집하다) 그는 자기주장이 옳다고 끝까지 우겼다.

욱이다: (안쪽으로 조금 우그러져 있다) 함석 끝을 안으로 욱이고 있다.

웃과 위와 윗

웃: (위아래의 대립이 없는 말에) 웃돈. 웃어른

위: (된소리, 거센소리로 시작되는 말에) 위쪽. 위채. 위턱

윗: (위아래의 대립이 있는 말에) 윗눈썹. 윗니. 윗도리. 윗목

이따가와 있다가와 이따

이따가: (지금 지난 뒤에) 그것은 이따가 하자.

있다가: (존재하다가) 권력은 있다가도 없는 법이다.

이따: (조금 지난 뒤에) 이따 갈게.

이제와 인제

이제: (바로 이때) 이제부터 이야기를 시작하겠습니다.

인제: (이제에 이르러) 인제 생각하니 후회가 된다.

일절과 일체

일절: (아주, 전혀, 절대로 부인하거나 금지할 때) 출입을 일절 금하다.

일체: (모든 것, 전부, 온갖) 재산 일체를 사회에 기부했다.

〈 ㅈ 〉

작다와 적다

작다: (크기) 소리가 작다. 키가 작다.

적다: (수효나 분량) 인구가 적다. 양이 적다.

~장이와 ~쟁이

~장이: (수공업 기술자) 대장장이. 미장이. 유기장이. 옹기장이

~쟁이:(형태) 심술쟁이. 멋쟁이. 욕심쟁이

제치다와 제키다

제치다: (거치적거리지 않게 처리하다) 형을 제치고 아우가 상속을 받았다.

　　　　(대상이나 범위에서 빼다) 친구를 제쳐두고 놀러 간다.

　　　　(우위에 서다) 상대편을 가볍게 제치고 3연승을 했다.

　　　　(일을 미루다) 자기 일을 제쳐두고 남의 일에 발 벗고 나선다.

제키다: (살갗이 조금 다쳐서 벗겨지다) 넘어지는 바람에 무릎 살갗이

　　　　제켜졌다.

좇다와 쫓다

좇다: (추구하다) 명예를 좇는 젊은이. (따르다) 부모님의 의견을 좇기로

　　　했다.

쫓다: (뒤를 따라서 급히 가다) 쫓고 쫓기는 숨 막히는 추격전

주워와 주어

주워: (줍다) 길에 떨어진 휴지를 주웠다.

주어: (주다) 돈을 그 사람에게 주어라.

지그시와 지긋이

지그시: 눈을 지그시 감았다.

지긋이: 나이가 지긋이 든 신사

지새다와 지새우다

지새다: (달이 지며 밤이 새다) 밤이 지새도록 소설을 읽는다.

지새우다: (고스란히 새우다) 며칠 밤을 독서로 지새우다.

집다와 짚다

집다: 연필을 집다. 한 사람을 범인으로 집다.

짚다: 지팡이로 땅을 짚다. 맥을 짚다. 헛다리를 짚다.

집히다와 지피다

집히다: 매끈거려 잘 집히지 않는다. 집히는 대로 꺼냈다.

지피다: 장작을 지피다.

〈 ㅊ 〉

채와 체

채: (상태 계속) 산 채로 잡다. (미처) 말이 채 끝나기도 전에

체: (시늉) 잘난 체하지 마. (척) 죽은 체하다. 본체만체하다.

처~와 쳐

처~: (마구, 함부로, 많이) 처넣다. 처먹다. 처바르다. 처박다. 처지다.

쳐: 쳐가다. 쳐내다. 쳐들어가다. 쳐부수다. 쳐주다.

치이다와 치다

치이다: (부딪히거나 깔리다) 공사장에서 돌에 치였다. 덫에 치인 쥐, 일
에 치여 꼼짝을 못 하다.

치다: (바람이 세차게 불거나 세차게 뿌리다) 천둥이 치다. 된서리가 치다.
(소리나 빛을 내면서 일어나다) 벼락이 치다. 천둥 치는 소리. 파도
가 세차게 치는 해안
(깨끗이 하다) 눈을 치다. 도랑을 치다.

〈 ㅍ 〉

팻말과 푯말

팻말: (패로 쓰는 말뚝) 팻말에는 '출입 금지'라는 글씨가 쓰여 있었다.

푯말: (목표나 표지로 박아 세운 말뚝) 흡연 구역 푯말

당신의 보도자료: 네이버 가거나 휴지통 가거나

피난과 피란

피난: (재난을 피함) 전세시변에 대비한 피난 시설을 잘 갖춰야 한다.

피란: (난리를 피함) 전쟁 통에 피란하면서 가족이 뿔뿔이 흩어졌다.

〈 ㅎ 〉

하릴없다와 할 일 없다

하릴없다: (달리 어떻게 할 도리가 없다) 큰 잘못을 했으니 꾸중을 들어
도 하릴없는 일이다. 하릴없이 기다릴 수밖에 없다.

(조금도 틀림이 없다) 대문에 기대선 그의 모습은 하릴없는
거지였다.

할 일 없다: (해야 할 일이 없다) 더 할 일 없으면 가서 쉬어라.

한목과 한몫

한목: (한꺼번에 다) 한목에 넘겨주다. 빚을 한목에 갚았다.

한몫: (한 사람 앞에 돌아가는 배분) 사회에서 한몫을 담당한다.

한참과 한창

한참: (시간이 상당히 지나는 동안) 한참 뒤. 한참 기다렸다.

한창: (가장 활기 있고 왕성하게 일어나는 때) 더위가 한창이다. 한창 일할 나이

해어지다와 헤어지다

해어지다: (낡아서 떨어지다) 해진 옷. 신발이 해어지다.

헤어지다: (이별하다) 연인과 헤어지다.